中華文化基本叢書

白巍　戴和冰　主編

10

CHINESE ARCHITECTURE

中國建築

蕭默　著

凝固的神韻

總　序

　　時下介紹傳統文化的書籍實在很多，大約都是希望藉由自己的妙筆讓下一代知道過去，了解傳統；希望啓發人們在紛繁的現代生活中尋找智慧，安頓心靈。學者們能放下身段，走到文化普及的行列裏，是件好事。《中華文化基本叢書》書系的作者正是這樣一批學養有素的專家。他們整理體現中華民族文化精髓諸多方面，取材適切，去除文字的艱澀，深入淺出，使之通俗易懂；打破了以往寫史、寫教科書的方式，從中國漢字、戲曲、音樂、繪畫、園林、建築、曲藝、醫藥、傳統工藝、武術、服飾、節氣、神話、玉器、青銅器、書法、文學、科技等內容龐雜、博大精美，自有著有深厚底蘊的中國傳統文化中擷取一個個閃閃的光點，關照承繼關係，尤其注重其在現實生活中的生命力，娓娓道來。一張張承載著歷史的精美圖片與流暢的文字相呼應，直觀、具體、形象，把僵硬久遠的過去拉到我們眼前。本書系可說是老少皆宜，每位讀者從中都會有所收穫。閱讀是件美事，讀而能靜，靜而能思，思而能智，賞心悅目，何樂不爲？

　　文化是一個民族的血脈和靈魂，是人民的精神家園。文化是一個民族得以不斷創新、永續發展的動力。在人類發展的歷史中，中華民族的文明是唯一一個連續五千餘年而從未中斷的古老文明。在漫長的歷史進程中，中華民族勤勞善良，不屈不撓，勇於探索；崇尚自然，感受自然，認識自

然，與自然和諧相處；在平凡的生活中，積極進取，樂觀向上，善待生命；樂於包容，不排斥外來文化，善於吸收、借鑒、改造，使其與固有的民族文化相融合，兼容並蓄。她的智慧，她的創造力，是世界文明進步史的一部分。在今天，她更以前所未有的新面貌，充滿朝氣、充滿活力地向前邁進，追求和平，追求幸福，勇擔責任，充滿愛心，顯現出中華民族一直以來的達觀、平和、愛人、愛天地萬物的優秀傳統。

　　什麼是傳統？傳統就是活著的文化。中國的傳統文化在數千年的歷史中產生，進而演變發展到今天，現代人理應薪火相傳，不斷注入新的生命力，將其延續下去。在實踐中前行，在前行中創造歷史。厚德載物，自強不息。是為序。

湯一介

序

以中國觀念欣賞中國建築之美

　　中國是一個偉大的國家，巍然屹立在亞洲的東方，擁有約九百六十萬平方公里的廣袤國土，超過世界五分之一的人口，包括五十六個民族，歷史悠久，文化昌盛。

　　古代世界曾有過七個大的文化體系及與其相應的七個建築體系，即古埃及、古巴比倫、古印度、中國、歐洲、伊斯蘭和古代美洲。為什麼在這幾大體系中有的前面冠以「古」字，是因為它們或是早已中斷，或是在很大程度上發生了質的變異。只有中國、歐洲和伊斯蘭建築流傳時間最長，流域最廣，成就也最大，至今仍保持了影響，稱為世界三大建築體系。這三大建築體系中又以中國建築歷史最為悠久，歷經四千餘年，相沿不斷傳承下來，保持了體系的完整性。

　　由於中國和歐洲歷史文化發展進程之不同，中歐在一整套哲學觀念、文化傳統、宗教態度、性格氣質、藝術趣味和自然觀等方面都有明顯的差異，反映到民族的藝術性格上也就有了許多重大的不同。這種不同在各種藝術中都有表現，建築藝術也不例外。總之，中國傳統建築藝術，曾取得

過獨立於世界文化藝術之林的偉大成就，散發著這片大地特有的泥土芳香，表現出中國文化特有的偉岸俊秀，顯示了與歐洲不同的風貌特徵。總之，要欣賞中國建築，必須具有一個與欣賞歐洲建築不同的眼光與角度。

在這本普及性的小書中，我們將儘量以最簡練的文字，介紹中國傳統建築最富有特色的成就，並力圖把藝術風格和產生它的文化土壤緊密聯繫起來，更多地注意由形式反映作品的文化意義。

中國建築是世界所有建築體系中唯一一個以木結構為本位的，並很早就影響了朝鮮、韓國、日本和越南建築，共同形成東亞建築。

中國的眾多民族，以漢族為主體，約佔全國人口的百分之九十一，本身就是古代諸多部族融合的結果，居住在全國各地。其他五十五個民族稱為少數民族，大都分散在中國西部和北部邊疆。各族的建築藝術都體現了本民族的和地域的特色，大大豐富了中國建築藝術的內容。其中尤以藏、蒙地區藏傳佛教建築、新疆維吾爾族伊斯蘭建築、雲南傣族小乘佛教建築和西南侗族建築的民族和地域特點最為鮮明，成就更為突出。

中國傳統建築是中國傳統文化最鮮明、最典型的體現者，其強烈顯現的人本主義、注重整體的觀念、人與自然融合的觀念、重視與地域文化的結合，以及許多具體處理手法如建築的群體佈局、空間構圖和特色鮮明的造型手法、獨特的色彩表現、裝飾與功能的結合及裝飾的人文性等等，都與中國文化緊密相關。其水準之高超、處理之精妙、意境之深遠，皆一點不讓他人。中國傳統建築不但具有認識的和審美的價值，如果能從中真正探求到其精神之核心，對於中國當代建築的創造與發展，仍具有富有生命力的借鑒意義。

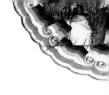

目 錄

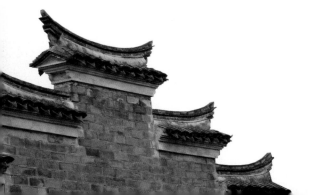

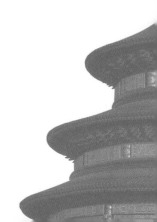

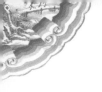

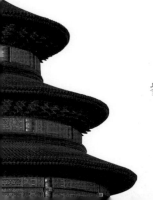

凝
固
的
園
神
的
韻

中國建築

① 1

九天閶闔開宮殿

——都城與宮殿

▌ 從北京城和北京宮殿說起

筆者曾在一篇文章中寫道：如果一位外國人到了北京，想瞭解中國傳統文化，而他只有一天時間，他應該幹些什麼？我的建議是他最好去看看紫禁城，這是中國唯一存在的國家級皇宮。

但是，要欣賞中國建築，卻需要另一種與欣賞歐洲建築不同的眼光，那就是，更多地關注建築群的總體佈局，而不能局限於只欣賞單體建築的造型。我常說，中國建築就好比是一幅畫，需要總覽全局，才能體會到這幅畫的神韻；歐洲建築就好比是一座雕塑，本身就是完整的。實際上，中國建築的單體造型通常都是比較有限的，注重的是群體構圖，以群中的眾多單體的互相襯托，整體地渲染出一種感動人心的氛圍，中國人常常是不惜局部地犧牲單體的多樣性，以完成群體藝術的高度和諧。

宮殿區縱軸線從大清門（又稱大明門、中華門）至景山（萬歲山）全長約兩千五百公尺，可以分為三段：第一段最長，包括三座連續的宮前廣場，是序曲，為高潮的到來作了充分鋪墊；第二段是宮城本身，由前朝、后寢和御花園三部分組成，為高潮；第三段最短，自紫禁城北門至景山峰

頂，是全曲的有力尾聲。中軸兩旁的對稱宮院則是主旋律的和聲。莊重的建築造型，高貴的色彩處理，大小方向不一的重重庭院，雕繪華麗的建築裝飾，都有力渲染了君臨四海的赫赫皇權，震懾著人們的心靈，組成了一曲氣勢磅礡的皇權交響樂（圖 1-1）（圖 1-2）（圖 1-3）（圖 1-4）（圖 1-5）。

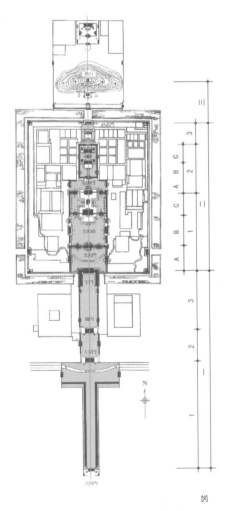

圖 1-2　天安門（馬炳堅等／攝）

圖 1-3　午門及前朝（模型）（蕭默／攝）

　圖 1-1　北京紫禁城中軸線構圖系列分析（蕭默／繪）

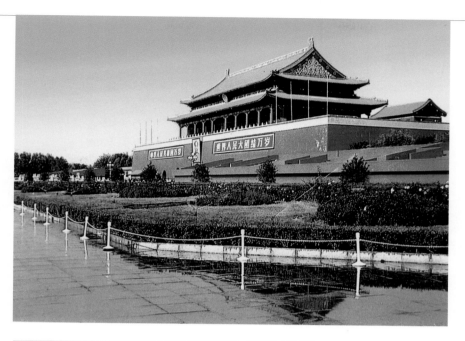

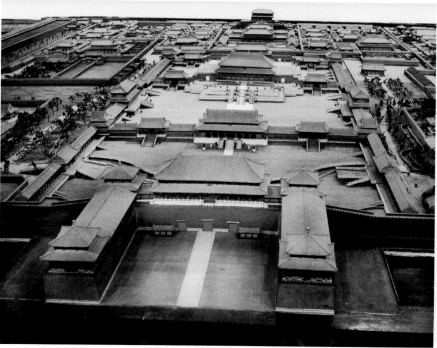

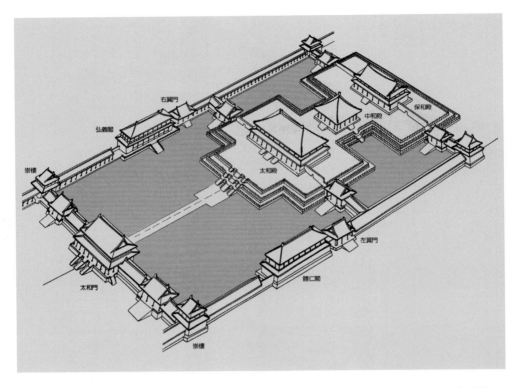

圖 1-4　前朝三大殿鳥瞰（《巍巍帝都——北京歷代建築》）

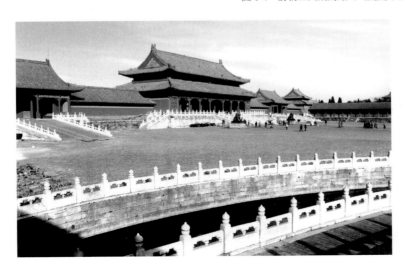

圖 1-5　太和門廣場
（蕭默／攝）

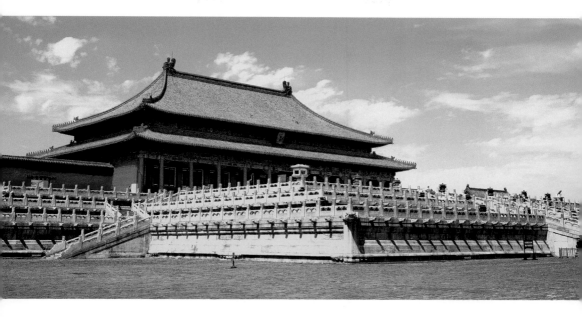

圖 1-6　太和殿全景（資料光碟）

前朝由三座大殿順序組成，其朝會正殿太和殿是高潮段的最高峰，造型莊重穩定，是「禮」的體現，強調區別君臣尊卑的秩序。總體又有著平和、寧靜的氣氛，蘊含著「樂」的精神，強調社會的統一協同。整體的壯闊和隆重，昭示出這個偉大帝國的氣概（圖 1-6）（圖 1-7）。

前朝及其前的全部地面都用磚石鋪砌，沒有花草樹木，渲染出嚴肅的基調。后寢也有三殿，佈局與前朝相似，但規模只相當於前朝的四分之一，仿佛交響樂主題部分的再現（圖 1-8）（圖 1-9）。

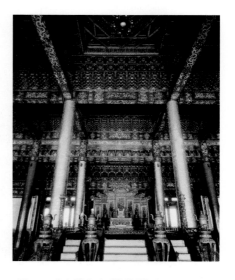

圖 1-7　太和殿內（《紫禁城》）

7

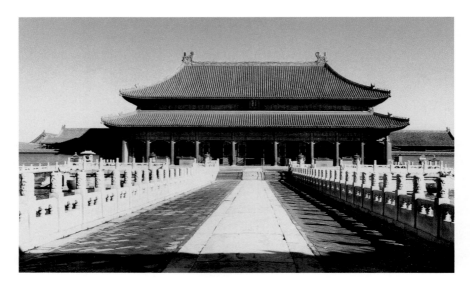

圖 1-8　乾清宮（樓慶西／攝）

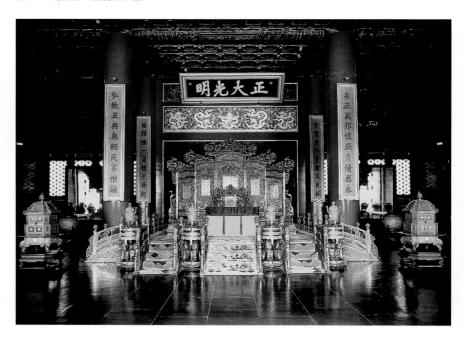

　　圖 1-9　乾清宮內（蕭默／攝）

御花園是皇宮內的花園，更小，氣氛則轉向親和（圖 1-10）。

作為宮殿區有力結束的景山是人工堆築的，中高邊低，略向前環抱，是整座宮城的背景和結束。沿山脊建造了五座亭子，正中一座最大，方形，以黃色為主；兩旁二亭較小，八角重檐，黃綠相當；最外二亭最小，圓形重檐，以綠為主。五亭在體量、體形和色彩上呈現富有韻律的變化，分別與宮殿和宮外的皇家園林相呼應（圖 1-11）。

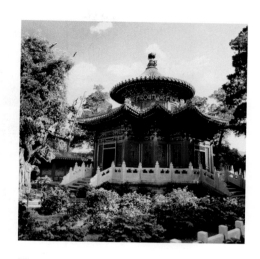

圖 1-10　御花園（《紫禁城》）

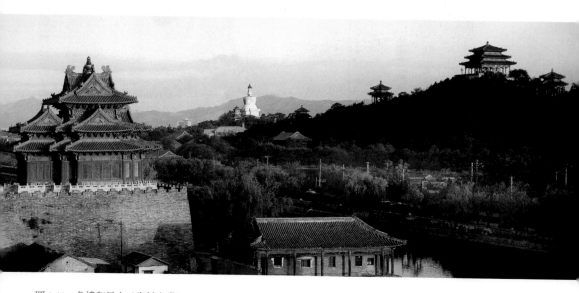

圖 1-11　角樓和景山（資料光碟）

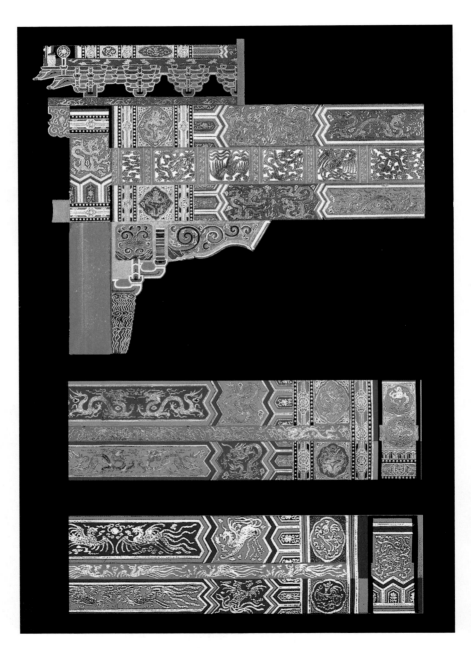

圖 1-12　金龍和璽與鳳和璽（邊精一／繪）

在這些建築中，都採用氣氛莊重嚴肅的和璽和旋子彩畫（圖 1-12）（圖 1-13）。

所以，欣賞歐洲建築，是人圍繞著建築；欣賞中國建築，則必須進入到建築群的內部，遍覽全局，是建築圍繞著人，才能體會到它的氣質精髓。這個「群」，甚至還不止是這座建築群本身，常常還包括它所處的環境，

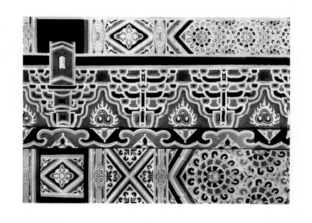

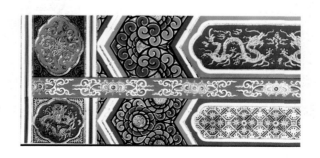

圖 1-13　旋子彩畫（《中國古代建築技術史》）

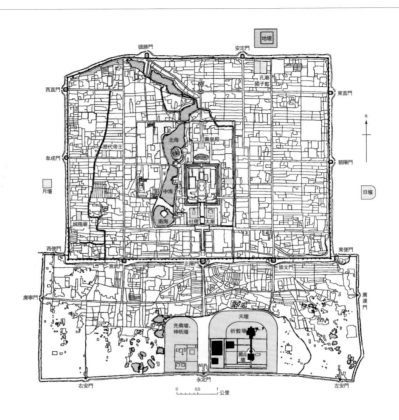

圖 1-14　清乾隆時代的北京城（《中國古代建築史》）

例如紫禁城，就不能與它所處的整個北京分開。

　　北京的北部稱內城，內有皇城，紫禁城在皇城內縱軸線上，三城相套，宮殿設在最重要的位置。

　　太廟和社稷壇位於宮城正門午門前左右，意味著當時中國人的治國理念：皇權是整個社會的核心，族權和神權是它的陪襯。

　　在城市四面，南有天壇，北有地壇，東、西各有日壇和月壇，形成外圍的四個重點，簇擁著皇城和宮城。皇帝在每年冬至、夏至、春分和秋分要分別到天、地、日、月四壇舉行祭祀。天地日月、冬夏春秋、南北東西，

這種種對應，顯示了中國古人天人合一的宇宙觀念（圖 1-14）。

北京全城縱軸線長七點五公里，自南而北也可分為三大段：第一段自外城南門到內城南門，最長，節奏也最和緩，是高潮前的鋪墊；第二段自內城南門穿過整個宮殿區到宮殿北面的景山，較短，處理最為濃郁，是高潮所在；第三段從景山至鐘、鼓二樓，最短，是高潮後的收束。這三大段仍然像是音樂的三個樂章：分別是序曲、高潮和尾聲，相距很近的鐘、鼓二樓就是全曲結尾的幾個有力和弦。全曲結束以後，再通過北牆左右的兩座城門，將氣勢發散到遙遠的天際，像是悠遠的回聲。在樂曲「主旋律」周圍，高大的城牆、巍峨的城樓、嚴整的街道和天、地、日、月四壇，都是它的和聲。整座北京城就是如此高度有機地結合起來的，有著音樂般的和諧和史詩般的壯闊，是可以

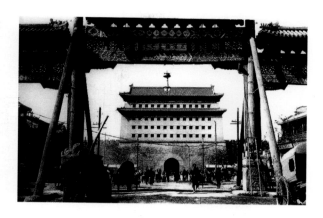

圖 1-15　民國時期北京正陽門箭樓（資料光碟）

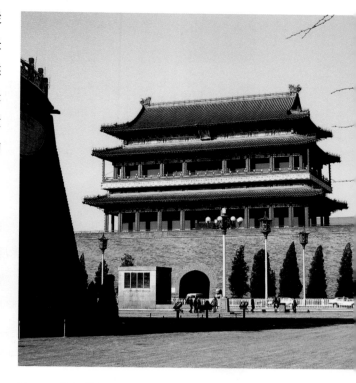

圖 1-16　北京正陽門（蕭默／攝）

13

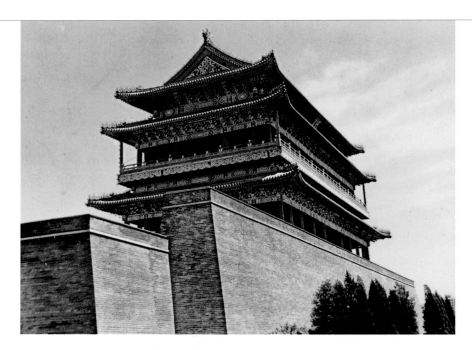

圖 1-17　正陽門（樓
慶西 ／ 攝）

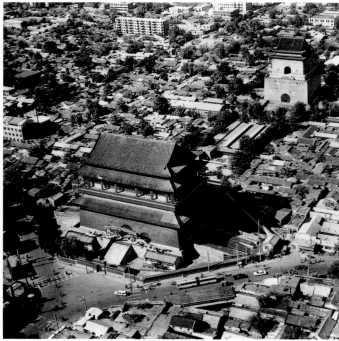

圖 1-18　北京鼓樓
和鐘樓（高宏 ／
攝）

和世界上任何鴻篇巨製媲美的藝術珍品（圖1-15）（圖1-16）（圖1-17）（圖1-18）（圖1-19）。

著名英國學者李約瑟在他的名著《中國的科學與文明》中談到紫禁城時曾說：「中國的觀念是十分深遠和極為複雜的，因為在一個建築構圖中，有數以百計的建築物，而宮殿本身只不過是整座城市連同它的城牆、街道等更大的有機體中的一個部分而已……。中國的觀念同時也顯出極

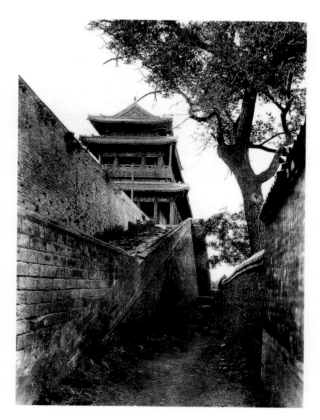

圖 1-19　北京西直門城樓（已毀）

為微妙和千變萬化，它注入了一種融匯的趣味。」他認為中國偉大建築的整體形式，已形成「任何文化未能超越的有機的圖案」。

中國的地方城市是封建王朝派駐各地的政治統治中心，與歐洲中世紀開始形成的工商城市有本質上的不同。為了強化政權，在各地方城市也形成了普遍遵行的模式，尤其是北方平原地區的城市表現得更為典型。一般都規整方正，縱軸為正南北向。城的四面各開一門，相對二門為幹道組成十字，交點處常建鐘樓、鼓樓。衙署都位在靠近城市中心的顯著部位（圖

15

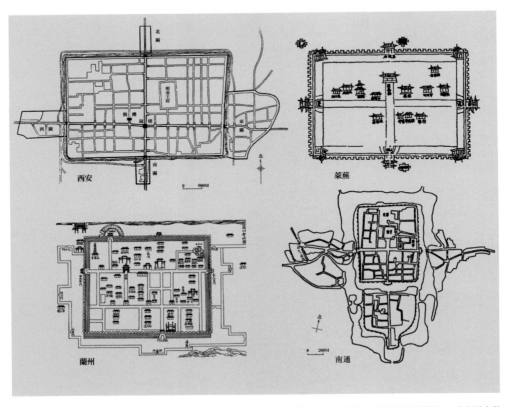

圖 1-20　明清中國城市典型佈局（《中國古代建築史》、《萊蕪縣誌》、《甘肅省誌》、《中國城市建設史》）

1-20）。而歐洲中世紀的工商城市只是經濟中心，以工商業者為主的市民是城市的主人，封建政治力量比較薄弱。相應於基督教的強大，城市以教堂和具有市民公共活動中心意義的教堂廣場為中心，街道由此呈放射狀向外伸展，城市輪廓比較自由。由此可見，城市與社會整體文化的密切關係。

▌宮殿和都城史一瞥

　　中國的象形字非常有趣，從中可以得到許多歷史的奧秘，例如甲骨文「宮」（宮）字，就是一座原始穴居小屋：屋頂下面的兩個「口」字代表天窗和門，原指所有的房屋。秦漢以後這個字才專屬於帝王，與「殿」（高大的房屋）合稱，指帝王處理政務和居住的地方。

　　中國最早的原始建築，大概出現在距今一萬年前的新石器時代早期，現已發掘的最早建築距今約八千年，在仰韶文化（約西元前 5000—西元前 3000 年）西安半坡遺址中，在圓形村落的中央考古學上所稱的「大房子」，用作首領居住、集會和祭祀，就是宮殿的前奏。從夏代起正式出現宮殿，是一座大殿，殿內分間，但仍然合三種功能為一體。陝西岐山早周（時屬晚商）宮殿由兩進四合院組成：前院有一座「堂」，是集會和祭祀的地方，後院用作居住。西周時，功能進一步分化，與都城也加強了聯繫，這從《考工記》一書中可以明顯看到。書中說：匠人營造的王城，方形，每面九里，各開三座城門。城內有九條橫街、九條縱街，每街寬可容九輛車子並行；城的中央是宮城，宮城左邊設宗廟，祭祀周王祖先，右邊有社稷壇，祭祀

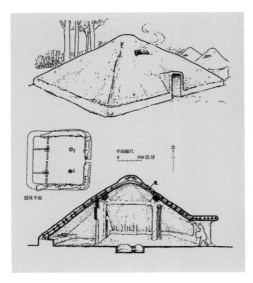

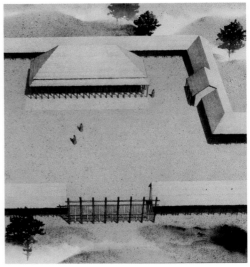

圖 1-21　西安半坡「大房子」遺址復原圖（楊鴻勳／繪）　　圖 1-22　河南偃師二里頭宮殿（《人類文明史圖鑒》）

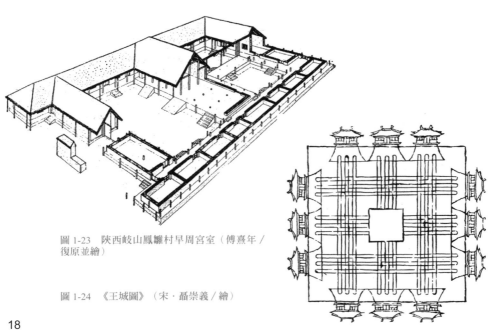

圖 1-23　陝西岐山鳳雛村早周宮室（傅熹年／復原並繪）

圖 1-24　《王城圖》（宋·聶崇義／繪）

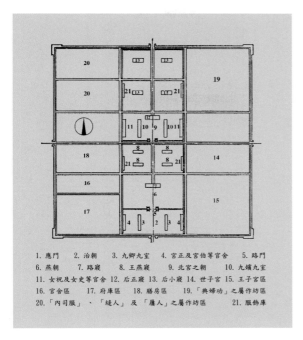

圖 1-25　河南偃師二里頭宮殿（《人類文明史圖鑑》）

1. 應門　　2. 治朝　　3. 九卿九室　　4. 宮正及宮伯等官舍　　5. 路門
6. 燕朝　　7. 路寢　　8. 王燕寢　　9. 北宮之朝　　10. 九嬪九室
11. 女祝及女史等官舍 12. 后正寢 13. 后小寢 14. 世子宮 15. 王子宮區
16. 官舍區　17. 府庫區　18. 膳房區　「典婦功」之屬作坊區
20. 「內司服」、「縫人」及「廱人」之屬作坊區　21. 服飾庫

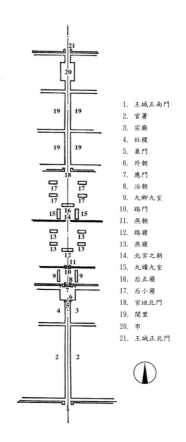

1.　王城正南門
2.　官署
3.　宗廟
4.　社稷
5.　臬門
6.　外朝
7.　應門
8.　治朝
9.　九卿九室
10. 路門
11. 燕朝
12. 路寢
13. 燕寢
14. 北宮之朝
15. 九嬪九室
16. 后正寢
17. 后小寢
18. 宮垣北門
19. 閭里
20. 市
21. 王城正北門

圖 1-26　西周王城中軸線（賀業鉅／繪）

土地之神「社」和五穀之神「稷」；宮前有稱為「外朝」的廣場，宮後有官市。可知，這是一座完全規整方正、中軸對稱的城市，祭祀建築已經與宮殿分開了，分別放在宮前兩側。這一規劃方式，一直延續到明清（圖 1-21）（圖 1-22）（圖 1-23）（圖 1-24）（圖 1-25）（圖 1-26）。

　　唐長安、元大都和明清北京號稱為中國三大帝都。

　　唐長安（今西安）由郭城、皇城和宮城三套城牆合成，面積八十四平方公里，是中國古代最大的城市。街道規整對稱，組成方格網，實行里坊制，就是在方格網內佈置一百零八座由坊牆圍合的「里坊」，大街上只見

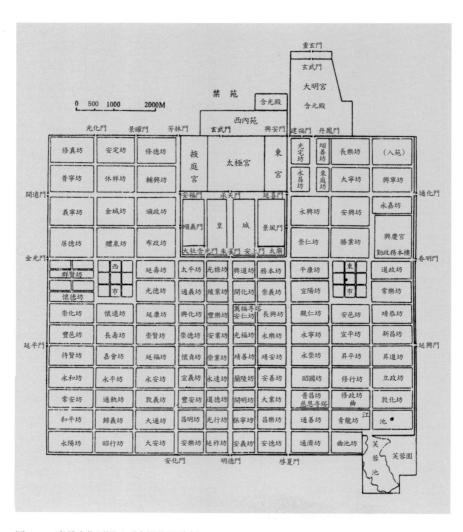

圖 1-27　唐長安復原圖（《中國美術通史》）

坊牆，不見居戶。市場局限在某幾座坊內，入夜全城宵禁，交易停止。長
安縱軸長近九公里。皇城南面橫軸大街以南，兩旁有集中的市場，與位於
全城北部正中的皇城、宮城呈「品」字形相呼應。皇城內是中央衙署，東

南和西南兩角有太廟和社稷壇，北部宮城中集中三座宮殿，以中部朝會正宮太極宮最大，東、西各有太子和后妃的宮殿。

從郭城而皇城而宮城，長安好像一幅組織有序的巨大畫面，宮城和皇城像是畫中的高潮，非常突出，郭城就好像是一個精心製作的畫框（圖1-27）。

太極宮以呈倒「凹」字形的宮闕（正門）爲「大朝」，舉行國家大典；內過太極門是太極殿，爲常朝，皇帝每月兩天在這裡聽政；殿後過朱明門和兩儀門爲兩儀殿，是日朝，皇帝平常在這裡處理政事。以後的甘露殿是退朝後休息的地方。左右二路的殿院與中路一起，構成宏大的組群。

唐長安東北增建了另一宮殿大明宮，地勢高敞，規模比太極宮更大。正殿含元殿非常宏偉壯觀，充分反映了大唐盛世的建築藝術水準。大殿左右接以廊道並向前圍合，與建在高台上的兩座樓閣相連，圍成凹字形，是現存紫禁城午門的前身。含元殿性格輝煌而歡樂，是充滿自信心的大唐盛世時代精神的體現（圖 1-28）。大明宮內西側高地上的麟德殿由四殿合成，

圖1-28　唐長安大明宮含元殿（《人類文明史圖鑒》傅熹年／復原）

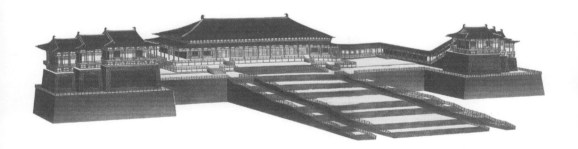

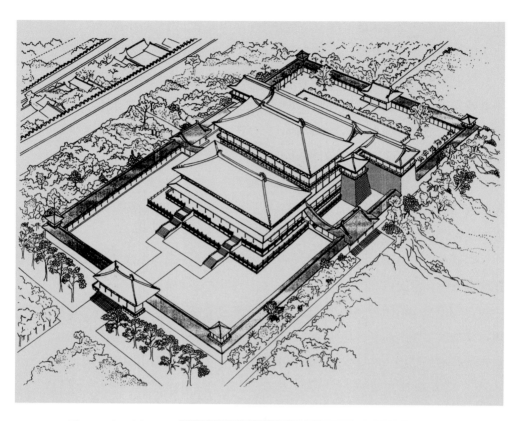

圖 1-29　大明宮麟德殿
復原透視（傅熹年／復
原並繪）

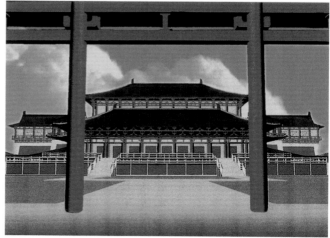

圖 1-30　大明宮麟德殿
正面（于立軍／繪）

規模很大，是舉行大宴的地方（圖 1-29）（圖 1-30）。

　　唐代國力強大，聲威遠播東亞，對朝鮮、日本等相鄰各國都產生了很大影響。盛唐以前，外患平定，四夷君長共尊唐太宗為「皇帝天可汗」。而此時的歐洲，還沒有脫離所謂「黑暗時代」的中世紀漫漫長夜，思想上受到教廷的嚴格扼制，政治分散割據，只存在一些小塊領地，經濟發展遲緩。可以說，唐代的中國是當時世界當之無愧的最強大國家。

　　唐代文化充滿了一種自信、清新而灑脫的格調，唐代建築規模宏大，重視本色美，形成了一種高昂、豪健爽朗和健康奮進的文化氛圍，正是時代精神的凝練。

　　汴梁（今開封）可以說是唐長安與元大都之間的過渡，比起唐長安，有三個重大發展。一是宮殿被安排在城市中央的宮城內，外圍內城和外城，三城相套。但宮城是利用唐汴州城的州衙改造而成，規模僅相當於唐太極宮的百分之十幾（圖 1-31）。二是隨著經濟的發達，廢除了里坊制，商鋪和居戶可面對大街開門，形成繁華的商業

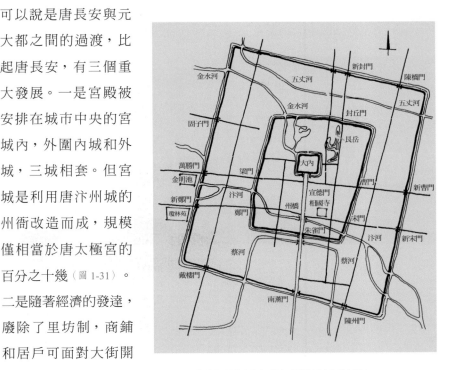

圖 1-31　北宋汴梁復原平面圖（開封宋城考古隊）

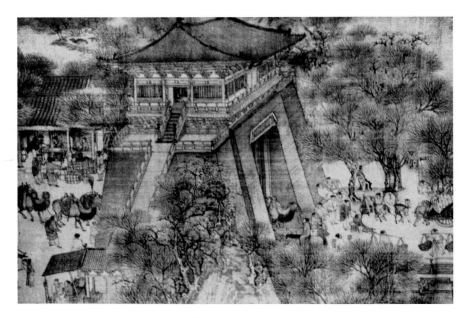

圖 1-32 汴梁城門（宋・
張擇端《清明上河圖》）

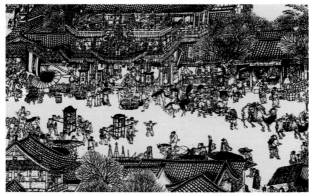

圖 1-33 汴梁街道（宋・
張擇端《清明上河圖》）

街。這些，在《清明上河圖》中有生動具體的表現（圖 1-32）（圖 1-33）。三
是在宮殿前方設置了「丁」字形廣場，廣場的焦點宣德門繼承了隋唐宮闕
的特點，平面呈倒「凹」字形，形象壯觀。傳世品北宋銅鐘，鑄有宮闕形象，
開門五道（圖 1-34）。這些，都為元、明所繼承。

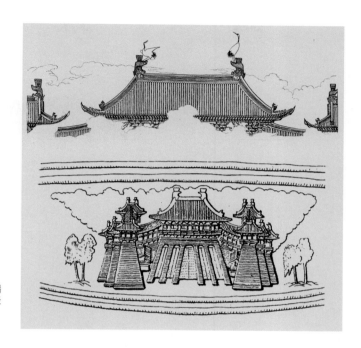

圖 1-34　宋徽宗《瑞鶴圖》以及北宋銅鐘表現的宣德門（傅熹年／摹）

　　元大都是明清北京的前身。雖然元代是蒙古人統治的皇朝，但仍鮮明體現了儒學的審美理想。大都以瓊華島天然水面（今北京北海、中海）爲中心，宮城（大內）在湖的東岸。湖西有兩座小宮，太液池穿插其間，成爲皇家園林。

　　大都基本方形，除北面兩門外，其他三面均開三門，大街除被宮殿區和湖泊打斷外，皆縱橫相通，基本上是九經九緯。皇城和宮城偏於全城南部。皇城之北鼓樓一帶是最主要的市場。在都城東西城門內路北分建太廟和社稷壇。這些，都反映了它對《考工記》的繼承（圖 1-35）。

　　大都宮殿現已不存，但據當時的文獻記載，仍可知大致情況。宮前廣場也是「丁」字形，大內的東、西宮牆與今北京紫禁城東西牆相重，南、北宮牆均在後者之北，面積與紫禁城相當。四面正中各開一門，四角各有角樓。其南門崇天門也稱午門，繼承了隋唐宋各朝的「凹」字形宮闕形制，

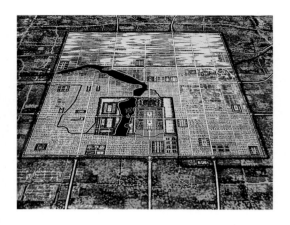

圖 1-35　元大都鳥瞰（網載）

非常壯麗。宮城內依軸線前後各圍成兩座大院，前院大明宮用於朝會，後院延春宮內有延春閣，供日常居寢。兩院之間的橫街，左右通向宮城之東、西華門。兩院內都有「工」字形殿堂（圖 1-36）（圖 1-37）（圖 1-38）。

元代「建都定鼎，樹闕營宮，以非巨麗無以顯尊嚴，非雄壯無以威天下」，顯然十分重視建築藝術的精神功能。

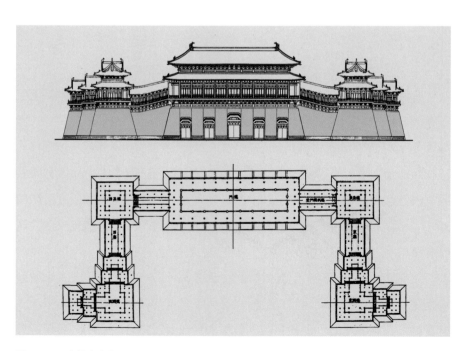

　　圖 1-36　元大都皇宮崇天門（傅熹年／復原並繪）

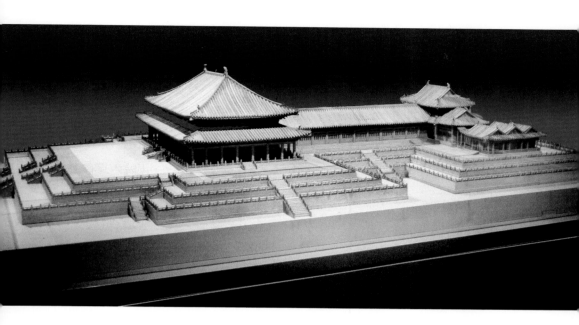

圖 1-37　元大都皇宮大明宮（模型）（首都博物館藏）

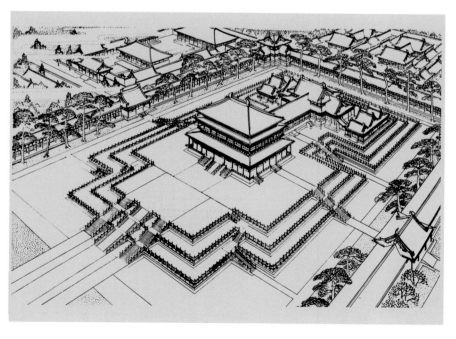

圖 1-38　元大都皇宮延春宮（傅熹年／復原並繪）

▋ 傳統文化對宮殿和都城的決定性作用

　　以儒學為主導的中國傳統文化歷來就是以人為本的，但這裡的「人」並不是主要指個人，而是由個人組成的整體社會。其主旨在於強調整個社會的長治久安、和諧與穩定，是在一種禮樂實用觀的指導下，加強中央集權即「君權」的具體政治運作，而與歐洲中世紀的「神本主義」文化不同。在建築上的表現則是以弘揚君權的宮殿，及與宮殿密切相關的都城規劃為主，且成就最高，與歐洲長期以來以弘揚教權的宗教建築為主且成就最高有別。

　　所謂「禮樂」，從以孔子為代表的儒家典籍《禮記·樂記》中的「樂統同，禮辨異」可以知道它的意義：「辨異」就是區別等級社會中各階級階層的地位，建立起統治階級的政治秩序，這是「禮」的職能；「統同」就是維繫民心的統一協同，承認君權的高高在上，使整個社會和諧安定，這就是藝術──「樂」的功用。中國的都城與宮殿就是這種觀念的最好體現。

　　到了春秋戰國，孔子的儒家利用建築藝術來烘托王權的觀念更上升到理論的高度，前述的「禮樂」觀念，到此時已完全成熟了，於幾千年來一

直延續下來，直到明清紫禁城。

甚至，儒家把「禮樂」觀與建築的出現也聯繫了起來。《禮記》說，遠古先王時代，本來沒有建築。人們冬天住在地穴裡，夏天住到樹巢上……後來聖人想出了辦法，利用火來熔煉金屬，燒製陶瓦，才造就了各種建築，用來接待神靈和先祖亡魂，嚴明了君臣的尊卑，增進了兄弟父子的感情，使上下有序，男女界限分明。

尊卑當然強調等級秩序，可以藉由建築的數量、體量和形象來區別，如天子的宗廟應該擁有七座殿堂，諸侯只能有五座，大夫三座，士一座；天子的殿堂台基應該高九尺，諸侯七尺，大夫五尺，士三尺；只有天子和諸侯的宮城可以在建造上有城樓的「台門」等。

儒家還第一次從理論上高度概括了中軸對稱的建築群體佈局對於烘托尊貴地位的重要，提出「中正無邪，禮之質也」的看法，主要殿堂當然就應建在中軸線上接近中心的最重要的位置。

儒家還提倡一種「溫柔敦厚」的藝術風格，強調中庸之道，執其兩端而取其中，不走極端，溫柔敦厚，追求普遍和諧，也對中國藝術包括建築藝術的總體風格產生了很大影響，甚至也是形成中國人的趨於平和、寧靜、含蓄、內向的心理氣質的原因之一。

特別受儒家思想影響的中國人，更重視一種內在的精神的不朽，對於「身外之物」包括建築，也總是持一種相當現實的態度，不追求永恆，所以長期以來主要採用木結構，是世界七個建築體系（古埃及、古巴比倫、中國、古印度、歐洲、伊斯蘭和古代美洲）中唯一一個以木結構為主的體系。這一點，同樣也應該與儒家主張的「仁者愛人」、「節用而愛人，使民以時」、「罕興力役，無奪農時」等思想，及上述追求溫柔敦厚的審美趣味有關。而歐洲建築和伊斯蘭建築卻總是追求一種現實可視的不朽，尤其歐洲，長期以來凡重要建築都用石頭建造。一座教堂，動輒就要花上幾

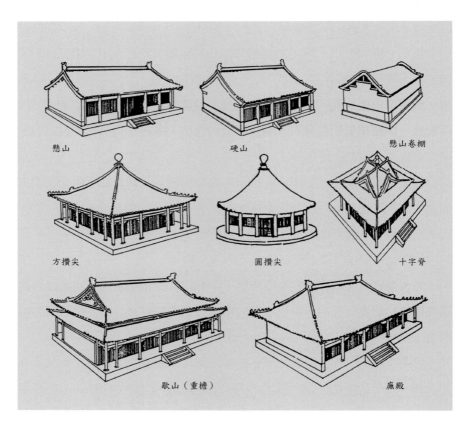

懸山　　　　　　　　硬山　　　　　　　　懸山卷棚

方攢尖　　　　　　　圓攢尖　　　　　　　十字脊

歇山（重檐）　　　　　　　　　　　廡殿

圖 1-39　中國建築單體造型（《中國古代建築史》）

十年甚至幾百年，費工耗時。

　　受木結構材料的限制，中國建築單體不能太大，體形不能很複雜，為了表現宮殿的尊崇壯麗，發展了群體構圖：建築群向橫向生長，佔據很大一片面積，通過多樣化的院落方式，把群中的各構圖因素有機組織起來，以各單體的烘托對比、庭院的流通變化、庭院空間和建築實體之間的虛實互映，室內外空間的交融過渡，來達到量的壯麗和形的豐富，渲染出強烈的氣氛，給人以深刻感受。可以說，「群」是中國建築的靈魂，甚至為了

「群」的完美，還不惜局部地犧牲單體的多樣化。中國建築更具有一種「繪畫」之美，群中的每一座建築單體就像是畫中的一些長短粗細濃淡不同的線，如果離開全畫，這些線就失掉了意義。群外圍繞的城牆或院牆則是畫框。城樓、角樓或院門，則是畫框上的重點裝飾。「畫框」裡的單體內向而收斂。歐洲建築則更具有一種「雕塑」之美，本身就是完整的，形體的雕塑感很強，外向而放射，幾乎每座都不同，爭奇鬥勝，凸顯自己。歐洲建築是人圍繞著建築，而不像中國，是建築圍繞著人。總之，中國的建築重在創造一種群體的內在意境之美，比較含蓄，更多潛化之道；歐洲建築則重在創造單體的外在形體之美，比較張揚，更多震撼之力。

中國建築單體殿堂的形式，是以在造型中起到很大作用的屋頂來分類的，主要有硬山（兩坡，左右邊緣在山牆處終止）、懸山（左右邊緣從山牆向外伸出兩坡）、歇山（上部為懸山，下部為四坡）、廡殿（四坡）和攢尖（用在正多邊形或圓形平面，各坡屋頂向中心聚成一個尖形）等五種基本形體。以這五種為基礎加以變通和組合，可形成更多的形象（圖 1-39）。

凝固的國
神的韻

中國建築

2

祭神如神在
——壇廟與陵墓

▋ 自然神崇拜與祖先崇拜

中國是一個早熟的社會，當其進入文明社會之後，源於原始社會的許多觀念如祖先崇拜和自然神崇拜觀念仍然保留了下來，並被儒家加以整理和強化，而流傳久遠。儒家本是一個十分重視現實人世的學派，對於鬼神之事，即使不能完全否定，也抱持著相當迴避的態度。當有人問起有關鬼神之事的時候，孔子總是機智地回答說：「未能事人，焉能事鬼？」積極提醒人們注意人事。但儒學也敏感地察覺到這兩種崇拜對於現世的意義，而按照自己的觀念加以改造，即特別強調祖先崇拜體現的血緣關係，以維繫宗族，尤其是統治者宗族內部的團結；將自然神等級化，以反證人間等級存在的合理性。是以族權和神權為烘托，達到鞏固現世君權的目的。這種觀念對後世影響很大，所以，中國就出現了一整套中國特有的「祭祀（禮制）建築」（壇廟、神祠、宗廟、宗祠），並特別重視帝王陵墓的建設。歐洲則除了宗教建築（早期為泛神論的神廟，基督教興起以後為教堂）以外，並沒有中國這種可稱之為准宗教建築的各級「祭祀建築」。許多民族，雖然至今仍保有自然神崇拜和祖先崇拜等觀念，卻未能具備像中國儒家那

樣的整理而系統化、體制化。

　　祭祀自然神的典禮多在露天一座高台上舉行，稱爲「壇」，如天壇、地壇、日壇、月壇。有些自然神更被加以擬人化，祭禮常在室內，此時也被稱爲「廟」，如泰山的岱廟、嵩山的中嶽廟。祭祀祖先都在室內，被稱爲「廟」或「祠」，如太廟、祖廟、孔廟、宗祠和各類先賢祠。它們合起來就是「壇廟」，既不同於宗教寺廟，也不同於直接用於人的生活的宮殿、住宅或園林，其中壇可以被認爲是一種准宗教建築，廟則更多具有紀念堂的意義。

　　祖先崇拜的觀念，經過儒家的強調，轉化爲孝道，使中國人特別重視安排自己祖先的歸宿，即墳墓。墳墓是祖先在另一個世界的住所，稱作「陰宅」，理應像「陽宅」一樣予以充分重視甚至更加重視。再結合對君權的強調，帝王陵墓就成了一種重要的建築類型。歐洲雖然也有陵墓，卻不具有中國的這種文化內涵，也不具有體系的傳承性。

　　陵墓下面的墓室瘞葬（埋葬）帝王，墓頂堆起有如一座小山的封土。古人從自然界的崇山大河、高樹巨石中體驗到超人的體量所蘊含的崇高，從雷霆閃電、狂濤流火中感受了超人的力量包藏的恐懼，把這些體驗移植到建築中，巨大的體量就轉化成了尊嚴和重要。所以君王的墳堆就特別高大，特稱爲「陵」或「陵墓」。陵字原意就是高大的山。

▌ 自然神崇拜的「壇」

西漢長安的「明堂辟雍」、山西汾陰后土祠、北京天壇都是歷史上著名的祭壇。

所謂「明堂」，夏稱「世室」，商稱「重屋」，西周方稱「明堂」。據先秦文獻，有說是布政之宮，有說是用以明諸侯之尊卑，又有許多煩瑣的象徵規定，大約最初屬於宮殿與祭祀功能混沌未分而側重祭祀的建築，到漢武帝時，其概念和形制已很模糊，古儒聚訟，莫衷一是。據記載，漢武帝曾在泰山下建有明堂，入祀泰一、五帝、后土諸神，配祀高祖，可知漢代的明堂是一種綜合性祭祀建築。

「辟雍」一名，首見於《禮記》，其制「象璧，環之以水，象教化流行」，性質像是儒者的紀念堂或習禮之所，也是帝王講演禮教的地方。

王莽在長安所建的「明堂辟雍」合二者為一，在長安南牆正中安門外大道路東。外圍方院，每邊長二百三十五公尺，四面正中開門，有兩層的門樓，院外繞以環形水溝，院內四角建曲尺形配房，正中有一座折角十字形平面高台。據復原，下層四面走廊內各有一堂，每廳各有左右夾室，共為「十二

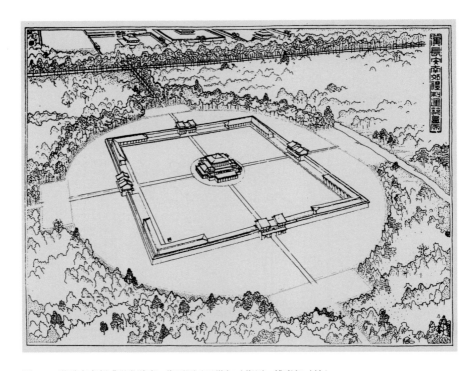

圖2-1　漢長安南郊「明堂辟雍」復原圖（王世仁／復原，傅熹年／繪）

堂」，象徵一年的十二個月；中層每面各有一堂，四堂的外面是下層四廊的平頂；上層台頂中央建「土室」，四角小方台台頂各有一亭式小屋，爲金、木、水、火四室，與土室一起，是祭祀五位天帝的地方。五室間的四面露台用來觀察天象。全體各部尺寸又有許多煩瑣的數字象徵意義。

　　整群建築十字對稱，庭院廣闊，氣度恢弘，很符合它包納天地的身分。中心建築以台頂中央大室爲統率全局的構圖中心，四角小室是陪襯，壯麗莊重。中心建築外向，與四圍建築遙相呼應；四角曲室內向，和中心建築取得均衡。匠師們在這座建築中既要滿足禮制規定的多種使用功能要求，又要照顧到各種煩瑣的象徵意義，更要以其不同一般的體形體量組合，造成符合建

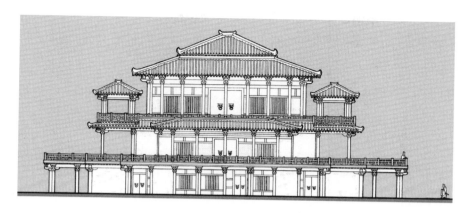

圖 2-2　漢長安南郊「明堂辟雍」復原立面圖（《人類文明史圖鑒》）

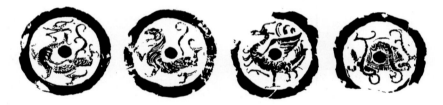

圖 2-3　西漢長安王莽九廟遺址出土四神瓦當（《漢代圖案選》）

築性質的審美效果，的確是一個建築藝術精品（圖 2-1）（圖 2-2）（圖 2-3）。

　　山西汾陰（今萬榮縣）早自西漢就是皇帝祭祀后土之神的地方，漢武帝已在此建祠。漢以後各朝雖在都城南北郊分建天、地二壇，但帝王仍常到汾陰行禮。現存刻於金代的廟像圖碑，反映了宋金后土祠的狀況，規模很大。主體為一平面「日」字形的巨大廊院。日字正中一橫為主殿坤柔殿，殿後以中廊連寢殿，合成「工」字形。廊院門、殿之間有名為路台的方形平台一座，台東西各立樂亭一座，殿前有方形水池，總體與敦煌壁畫所繪的圖像相似。大廊院左右各有南北緊連的四個小院，通過東、西迴廊與主院相連。在整個這一區域的前面有前後串聯的三個大院，院內左右建樓閣或殿堂。包括三個前院在內，四周圍以高大院牆，四角建築角樓。全廟最

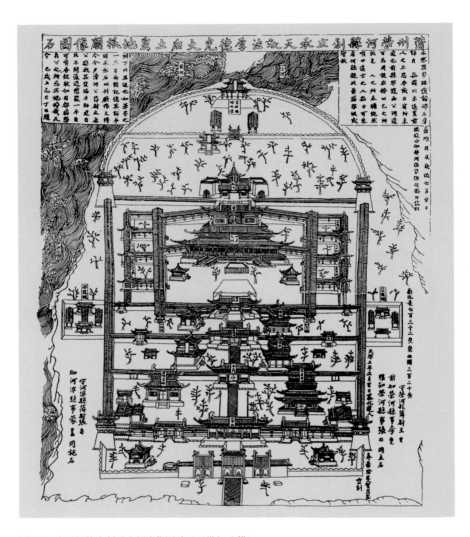

圖 2-4　山西汾陰金刻后土祠廟像圖碑（王世仁／摹）

前部又有一重院子，南牆上立三座欞星門。全廟最後部圍以半圓形圍牆，
中軸線上有兩座高台，台上建屋。

　　廟貌圖碑第一次詳盡表現了古代大型建築組群的完整格局，氣勢磅礡，

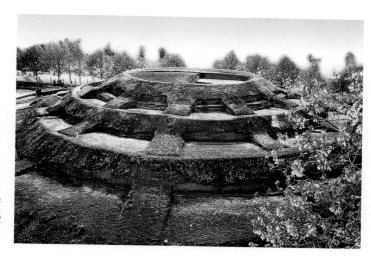

圖 2-5　隋唐長安
天壇遺址（《巍
巍帝都──北京
歷代建築》）

佈局嚴謹，疏密有序，重重庭院為高潮的出現作了充分的鋪墊，是一個典
型的國家級大型建築群。可以看出它的總體佈局方式與宮殿、大寺沒有根
本的不同（圖 2-4）。

　　現存最著名的壇廟是北京天壇，是世界級的藝術珍品，其藝術主題為
讚頌至高無上的「天」，全部藝術手法都是為了渲染天的肅穆崇高，取得
了非常卓越的成就。

　　天壇在北京南城正門內東側，是明清兩代皇帝祭天的場所，始建於明
永樂十八年（一四二〇年）。祭天的壇平面圓形，稱圜丘，改建於清乾隆
十四年（一七四九年）。祈禱豐收的祈年殿重建於清光緒十六年（一八九
〇年）。其實，在唐長安南郊也發現過唐代天壇的遺址（圖 2-5）。

　　天壇範圍很大，東西一千七百公尺，南北一千六百公尺，有兩圈圍牆，
南面方角，北面圓角，象徵天圓地方。由正門（西門）東行，內牆門內南
有齋宮，供皇帝祭天前住宿並齋戒沐浴。再往東是由主體建築形成南北縱
軸線。圜丘在南，三層石砌圓台。圜丘北圓院內有圓殿皇穹宇，存放「昊

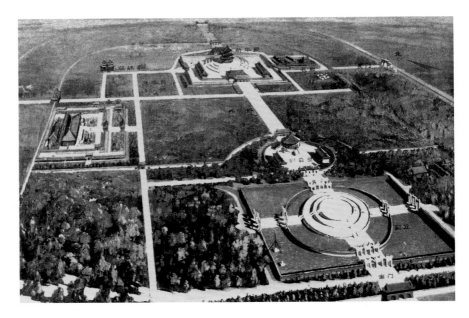

圖 2-6　北京天壇鳥瞰（蕭默／攝）

天上帝」神牌，殿內的藻井非常精美。再北通過稱作丹陛橋的大道，以祈
年殿結束（圖 2-6）（圖 2-7）（圖 2- 8）（圖 2-9）。

　　天壇利用環境藝術手法以突出「天」的主題，建築密度很小，覆蓋大片
青松翠柏，濤聲盈耳，青翠滿眼，造成強烈的肅穆崇高的氛圍。內牆不在外
牆所圍面積正中而向東偏移，建築群縱軸線又從內牆所圍範圍的中線繼續向
東偏移，共東移約二百公尺，加長了從正門進來的距離。人們在長長的行進
過程中，似乎感到離人寰塵世越來越遠，距神祇越來越近了。空間轉化為時
間，感情可得以充分深化。圜丘晶瑩潔白，襯托出「天」的聖潔空靈。它的
兩重圍牆只有高一公尺多，對比出圓台的高大，也不致遮擋人立台上四望的
視線，境界更加遼闊。圍牆以深重的色彩對比出石台的白，牆上的白石櫺星
門則以其白與石台呼應，並有助於打破長牆的單調。長達四百公尺，寬三十

40

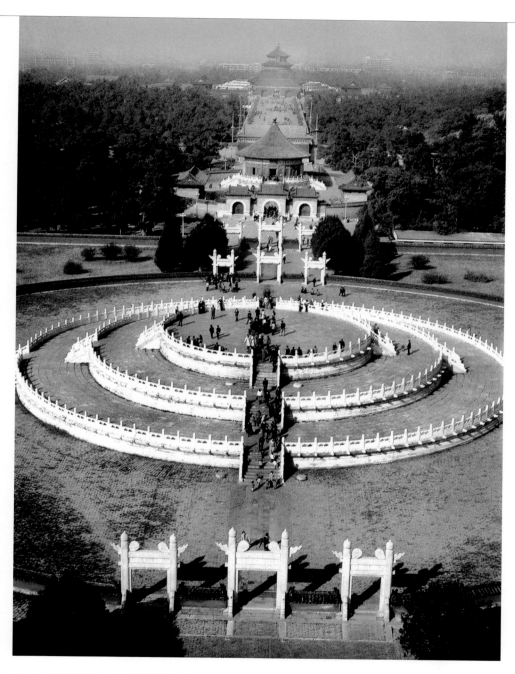

圖 2-7　天壇建築群（《中國建築藝術史》）

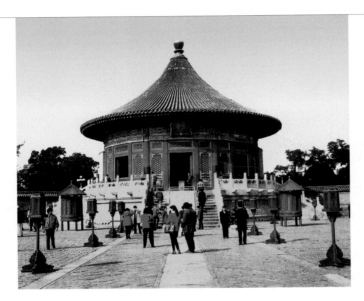

圖 2-8　皇穹宇殿（蕭
默／攝）

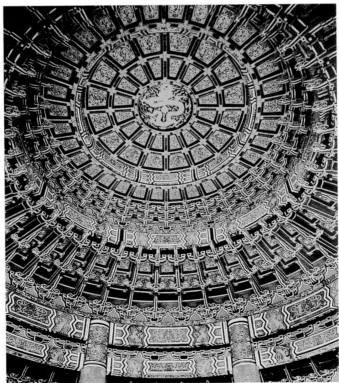

圖 2-9　　皇穹宇藻井
（孫大章／攝）

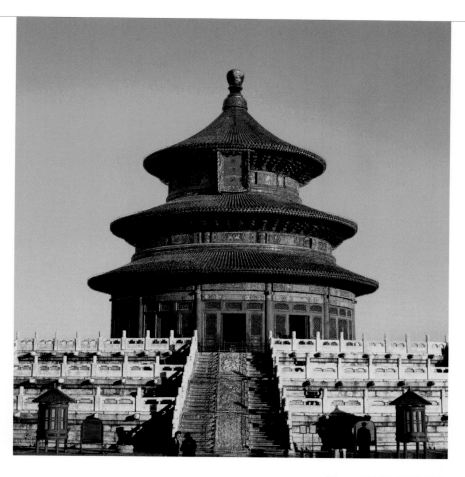

圖 2-10 祈年殿（蕭默／攝）

公尺的丹陛橋和祈年殿院落也高出在周圍地面以上，同樣也有這種效果。

祈年殿圓形，直徑約二十四公尺，三重檐攢尖頂覆青色琉璃瓦，下有高六公尺的三層白石圓台，連台總高三十八公尺。青色屋頂與天空色調相近，圓頂攢尖，似已融入藍天。所有這些，都在於要造成人天相親相近的意象（圖 2-10）（圖 2-11）。

天壇又廣泛使用象徵和隱喻手法以渲染主題，如多用圓形平面，圓丘

43

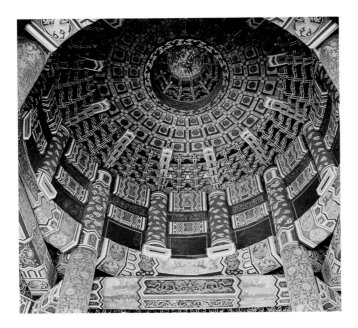

圖 2-11　祈年殿藻井
（馬炳堅等／攝）

的台階數、欄杆數、壇上鋪石的圈數和每圈石塊數，都使用象徵「天」的數字九或九的倍數。祈年殿採用與農業有關的曆數，以象徵四季、十二月和二十四節氣。

在形式美的處理上，天壇的建造者們也作了許多努力。如居於軸線兩端的皇穹宇、祈年殿形象相近，首尾呼應；南端的圓台圓院與北端的方院又有對比。這兩個重點用丹陛橋聯繫起來，構成一個整體。此外，如各建築物的尺度、色彩和造型比例等都經過仔細推敲，在主要視點處的視覺效果尤其受到重視。站在祈年門的後簷柱處望祈年殿，無論是水平視角和垂直視角，都處於最佳狀態，且左右配殿都退出在此視野以外，從而突出了祈年殿。

▌ 祖先崇拜的「廟」

在中國，偉大的教育家和思想家孔子歷來都受到全社會的極大崇敬，由官方建廟崇祀，就是各地孔廟，是一種廣義的祖先崇拜。最大的孔廟在孔子家鄉曲阜，現存建築多爲明清兩代由皇家主持建造。

曲阜孔廟坐北朝南，寬約一百四十公尺，南北長達六百餘公尺，狹而深長。自南而北全廟由多進院落組成，前三進是前導，第四進大中門以後是孔廟主體，門內有高大的藏書樓奎文閣。第五進東西橫長，有橫路通向城市幹道，院內有各代碑亭十三座。第六進分左中右三路，以中路爲主，大成門內的杏壇象徵孔子講學的地方，覆重檐十字脊歇山屋頂，造型很好。大成殿是孔廟核心，也是全系列的高潮，石頭檐柱滿雕盤龍，屋頂爲重檐歇山頂，規格很高，殿前寬大的月台在舉行大祭典時陳列舞樂。院落東西廊廡奉祀孔子門徒和歷代大儒。院後寢殿祀孔子之妻。第七進中路爲聖跡殿，藏孔子聖跡圖石。

以上建築大多是黃琉璃瓦，紅柱紅牆白石欄杆，通行明清北京官式做法。總觀孔廟，很像宅第或衙署的放大，更似宮殿的縮小，凡紫禁城的天

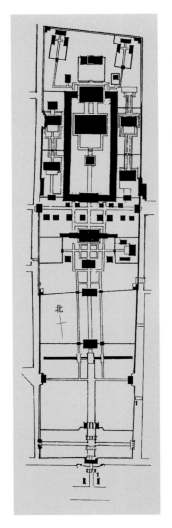

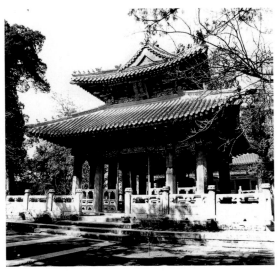

圖 2-13　曲阜孔廟杏壇（《中國古建築大系》）

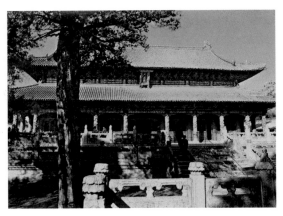

圖 2-12　曲阜孔廟總平面圖（李允鉌／繪）

圖 2-14　曲阜孔廟大成殿（《曲阜古建築》）

安門、端門、午門、太和門及其前的橫路，以至前朝后寢，仿佛在孔廟中都有其對應（圖 2-12）（圖 2-13）（圖 2-14）。

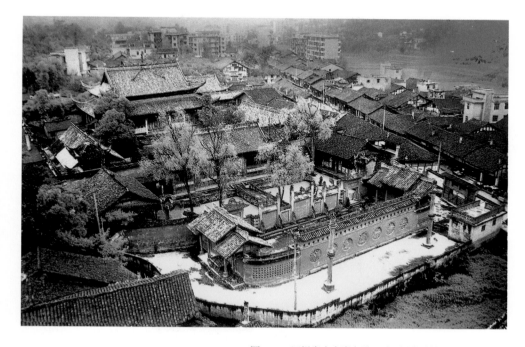

圖 2-15　四川資中文廟鳥瞰（《四川古建築》）

　　儒家思想是中國佔正統地位的思想，各地也都建有孔廟，又稱文廟，佈局大致相同，由前至後中軸線上一般由照壁、欞星門、泮池、大成門、大成殿、崇聖殿等建築組成，如四川資中文廟（圖 2-15）。

　　民間也有不少祭祀建築，或祭祀家族祖先，稱祠堂；或祭祀先賢聖哲，總稱先賢祠，還有祭祀民間信仰諸神的神祠。

　　南方現存的祠堂大多建於清代，現舉安徽徽州羅東舒祠等例為代表。羅東舒祠在安徽黃山市徽州區呈坎村，建於明代一五三九至一六一二年，號稱「江南第一祠」，雖以人名命祠，卻仍屬宗祠。

　　祠堂坐西向東，臨河負山，基地呈縱深矩形，自前至後由照壁、欞星門、儀門、享堂和後寢組成。照壁三面圍合，在欞星門前形成狹長的祠前

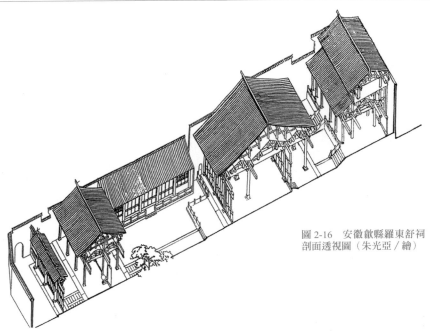

圖 2-16　安徽歙縣羅東舒祠
剖面透視圖（朱光亞／繪）

小廣場。欞星門通貫祠堂全寬，
為柵門，上覆短檐，石柱沖天
出頭。門內過一窄長空間為儀
門，後為方闊的享堂前庭，有
廂房。享堂最大，舉行祭祀大
典，從堂內後部屏壁兩側繞行
至堂後門，為狹長的後天井，
建兩層的後寢，底層供奉羅東
舒牌位，樓上藏御賜珍寶、族
譜家史和詩書文墨（圖 2-16）（圖
2-17）。

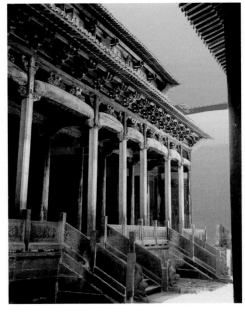

圖 2-17　羅東舒祠後寢寶綸閣（羅來平／攝）

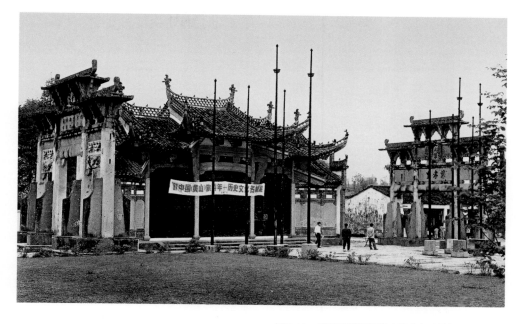

圖 2-18　歙縣棠樾村祠堂（張青山／攝）

　　由羅東舒祠說明，宗祠是以享堂為中心，突出祭祀功能，前臨大院，再前有層層空間引導，最後以高起的樓閣結束，序列完整，佈局規整對稱，雖大體同於住宅的前堂後寢，規模和體制卻隆重得多。七間欞星門和十一間的後寢都很罕見，超出了當時規制。宗祠在南方分佈較多，常常是鄉村中最重要的建築，如安徽歙縣棠樾村祠堂（圖 2-18）。

　　先賢聖哲歷來是中國人崇敬和追慕的對象，除了曲阜孔廟為官式建築外，民間也廣泛建造，如各地孔廟（文廟）、武廟（祀關羽）、四川都江堰二王廟（祀秦國治岷有功的太守李冰父子）、陝西韓城司馬遷祠、成都及各地的多座武侯祠（祀諸葛亮）等。這些祠廟，略同於現代的人物紀念館，其泛家族的色彩使它們具有更多的人文文化內涵，起著強化全民族共識的作用。人們認為，被崇祀對象的諸如仁義、忠勇、智慧、堅毅等優良

49

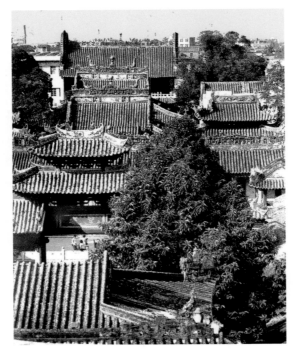

圖 2-19　祖廟屋頂群（白佐民／攝）

德行，與宗親血緣之情一樣，都應該得到後人的繼承。

神祠所祀的是民間信仰的各類神靈，與佛寺相比，規模較小，與民俗活動有更多關聯，更多體現了市民的審美趣味。

較著名的神祠建築如廣東佛山祖廟、台灣北港朝天宮（媽祖廟）等（圖 2-19）（圖 2-20）。

民間建築與官方建築在文化理念及藝術風格上有許多不同。「建築是人類文化的紀念碑」，爲帝王、文人、市民和庶民等不同人群建造的建築，必然會顯現出不同的藝術性格和面貌。大體而言，官方建築、文人建築、市民建築和庶民建築，它們的藝術風格可分別以「莊、雅、俗、樸」四個字來概括。官方建築的莊嚴隆重、宏偉壯麗和華美斑斕，使它高踞於建築藝術的最高層，以「非壯麗無以重威」的設計思想來震懾人生；文人建築「貴精而不貴麗，貴新奇大雅，不貴纖巧爛漫」，以清新典雅，明麗簡潔的氣質來陶冶人生；市民建築則更多耳目之娛的趣味，以繁麗纖巧，鮮衣彩服來娛樂人生；庶民建築則以安居樂業爲其最高追求，以其質樸無華顯出眞實自然的風貌，並以多姿而淳樸的民風民俗所體現的融融鄉情來

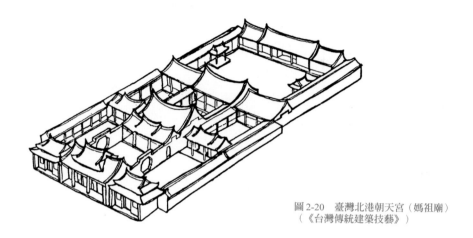

圖 2-20　臺灣北港朝天宮（媽祖廟）
（《台灣傳統建築技藝》）

安慰人生。與官方建築相對應的民間建築，包括了文人、市民與庶民建築的幾種內涵，它們與官方建築的氣質差異，大體上可類比於民間美術與宮廷美術的不同。但由於不同階層的人們都籠罩在濃厚的傳統文化的氛圍中，那種以儒學為主導的宗法禮制思想和以天人合一為核心的自然觀，滲透在幾乎所有的建築類別之中；同時，二者在藝術手法上的交融，也使得它們具有很多的共通性。

可以認為，民間祠祀建築的藝術風格主要體現了文人和市民二者的整合。宗祠、先賢祠可能更多一些文人氣質，神祠則大體取決於市民的審美趣味。庶民建築則更多體現為各地中下階層的民居。

帝王陵墓

　　帝王的墳墓稱陵墓，「陵」字原意爲山丘，喻墓上的土堆（封土）很大。但春秋戰國以前商王和貴族的墳墓沒有封土，雖然墓下規模十分宏大。王墓爲十字墓或中字墓，即在豎穴大墓室的四面或前後兩面都有墓道，貴族是中字墓或甲字墓，並有殉葬人、馬和車，墓上卻是平地。只有少數在墓上平地建造享堂，以供祭祀（圖 2-21）。戰國更多大墓已有封土，「陵墓」一詞到戰國也才開始流行（圖 2-22）。此後從秦漢直到明清，除某些少數民族帝王入主中原的朝代外，帝王陵墓頂上都堆築有巨大的土堆。

　　秦和西漢的陵墓發展出一種成熟的形制，是一些方錐台形的土堆，稱爲「方上」。圍繞方上四邊築牆，多爲方形，一直到唐代和北宋基本都是這樣。秦始皇陵附近發現許多與人、馬同大的兵馬俑，表示爲秦始皇的軍

圖 2-21　殷商十字墓人殉場景（《人類文明史圖鑒》）

圖 2-22　中山王墓（傅熹年／復原並繪）

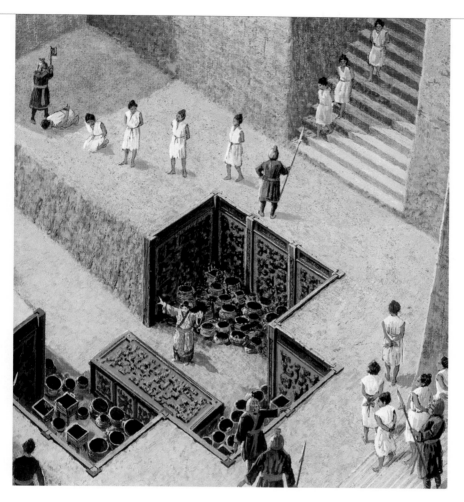

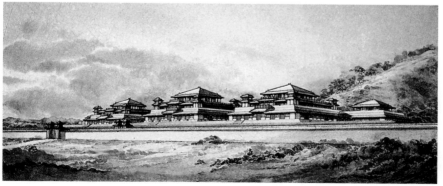

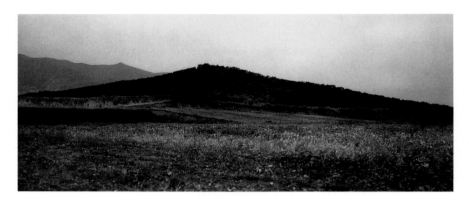

圖 2-23　秦始皇陵（《中國古建築大系》）

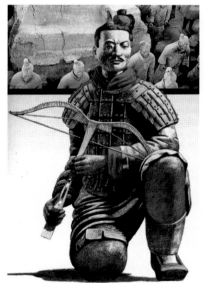

圖 2-24　秦兵馬俑和秦軍像（《人類文明史圖鑒》）

隊。漢代陵墓前稱爲神道的大道已出現在兩側排列許多相對的石闕和石獸的做法（圖 2-23）（圖 2-24）。

唐陵大多分佈在渭河北岸，號稱「關中十八陵」，多利用自然孤山穿石成墳，其氣勢磅礴，比人工封土還要壯觀。如高宗和武則天合葬的乾陵，以梁山主峰爲陵山，高出陵前神道約七十公尺。各陵以層巒起伏的北山爲背景，南面橫亙廣闊的關中平原，與終南、太白諸山遙相對望。渭河遠橫於前，近處都是平地，更襯出陵山主峰的高顯，氣象遼闊。唐陵繼承了漢陵的傳統，圍牆四面正中爲門，設門樓，四角設角樓，象徵皇宮。南門朱雀門外是長達三、四公里的神道。神道南端起點處兩邊排列土闕，闕後爲門。離朱雀門約一公里有第二對土闕

及第二道門，再由此門通向朱雀門前的第三對土闕。在第一、二道門之間的廣大範圍內分佈上百座陪葬墓，象徵為長安城的里坊區。第二道門以內象徵皇城，神道兩側排列華表、翼馬、浮雕鴕鳥、石馬各附牽馬人和石人等許多石刻，象徵是皇帝出行的儀仗隊。整個陵區範圍有的甚至大過長安城。陵區廣植松柏楊槐，將石刻襯托出來。這些石刻豐富了陵區內容，擴大了陵區控制空間，對比出陵丘的高大，對於渲染尊嚴和崇高的氣氛起了很大作用（圖 2-25）（圖 2-26）。

北宋陵墓在河南鞏縣，規模較小。由秦到北宋，陵旁附近建有下宮，視死如生，日日祭祀（圖 2-27）。

明代北京北郊天壽山下集中成祖朱棣以後十三帝的明十三陵，採取成團佈置方式。

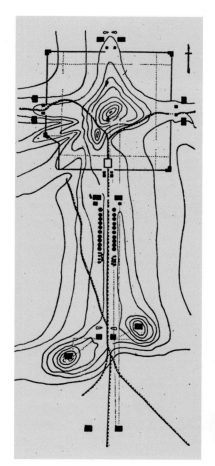

圖 2-25　陝西乾縣唐乾陵總平面圖（《中國古代建築史》）

圖 2-26　乾陵（樓慶西／攝）

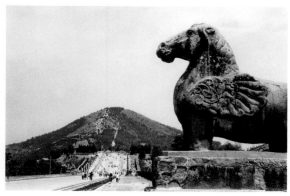

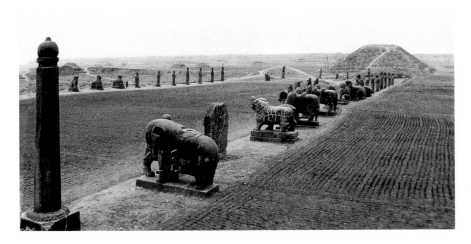

圖 2-27　河南鞏縣宋永昭陵神道（羅哲文／攝）

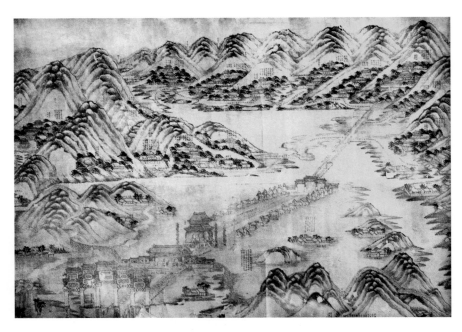

　　　　　　　　　　　　　　　圖 2-28　《明十三陵》（清代繪圖）（首都博物館藏）

　　天壽山山嶺呈向南敞開的馬蹄形，在馬蹄最北中央，山麓下建成祖長陵。長陵之南七**點**三公里有氣勢宏大的石牌坊，是陵區起點。往北在馬蹄敞口處，有兩座東西對峙的孤立小山岡，在二者之間建「大紅門」。門內碑亭體量十分巨大，內置巨碑。亭外四角置白石華表各一，豐富了造型，加大了對遼闊空間的控制範圍。亭北為公共神道，兩旁也有許多石刻，北端以並列的三座石櫺星門結束（圖 2-28）（圖 2-29）（圖 2-30）（圖 2-31）（圖 2-32）。

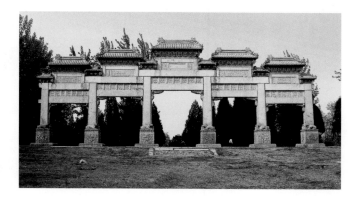

圖 2-29　明十三陵石牌坊（蕭默／攝）

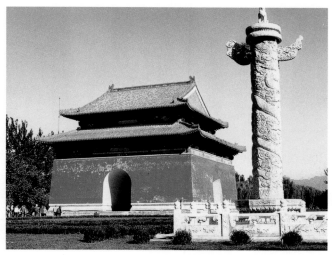

圖 2-30　明十三陵大碑亭（劉大可／攝）

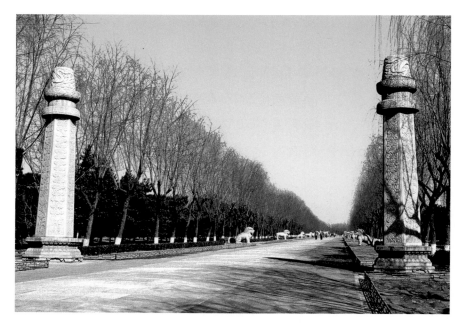

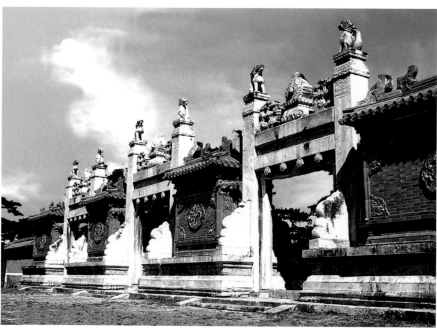

圖 2-31　明十三陵神道（《中國建築藝術史》）

圖 2-32　明十三陵神道欞星門（蕭默／攝）

這一系列佈置以長陵正後方的天壽山主峰爲對景，而略偏向東側。這是因爲東側山嶺較低，偏向東側有利於通過透視效果取得東西大致均衡的感覺。

長陵前後三院同寬，圍以紅牆。陵門磚建三孔券，第一進院東側有碑亭。院北進祾恩門爲方形大院，祭殿稱祾恩殿，是中國現存規模僅次於太和殿的殿堂。殿前左右原有配殿。殿北第三座門稱內紅門，再北才是墳堆所在。這時的墳堆已不是「方上」，而是圓形，以城牆樣的高牆圍護。墳前軸線上有單間牌坊一座、石桌一張和如同城樓的方城明樓。明樓方形，內砌十字券洞，立大碑，作碑亭用（圖 2-33）（圖 2-34）（圖 2-35）。

圖 2-33　明十三陵長陵鳥瞰（高宏／攝）

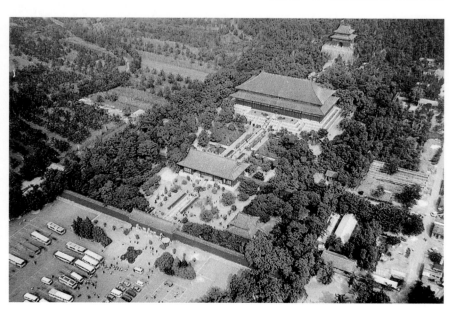

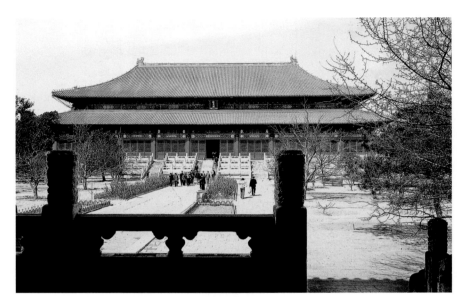

圖 2-34　長陵祾恩殿（樓慶西／攝）

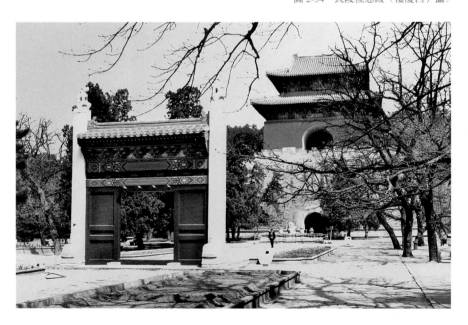

　　　　　　　　　　　　圖 2-35　長陵二柱門與方城明樓（蕭默／攝）

這一區建築，有前後兩個相連的高潮，即祾恩殿和方城明樓。前者木結構，體量橫長；後者磚石結構，體量豎高，作城樓形式，與前者對比鮮明，給人以深刻印象。全部建築都是白台紅牆朱柱黃瓦，一派皇家氣象，在庭院內外和墳堆上滿植松柏，氣勢蕭森。

其餘十二座陵分散在長陵兩翼，略呈弧形。

清朝，北京的東西分建了東陵和西陵。無論是選址原則和具體佈局，都與明十三陵相似，只是取消了各陵陵門，而以祾恩門代替，碑亭也移到了祾恩門前廣場中央。這一處理，豐富了陵前廣場，也突出了碑亭的地位。東、西陵按「風水」觀念選址，都是北依山巒，南望開闊，遠處有層層山巒為對景，左右有低山環抱（圖 2-36）（圖 2-37）（圖 2-38）（圖 2-39）。

圖 2-36　河北遵化清東陵各陵位置示意圖（王其亨／繪）

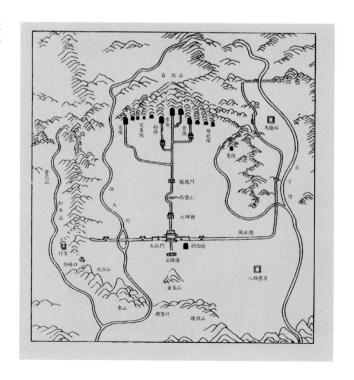

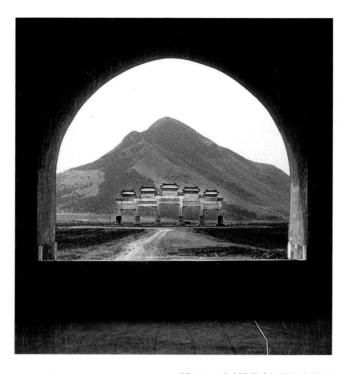

圖 2-37　清東陵從大紅門內南望石牌坊及金星山（蕭默／攝）

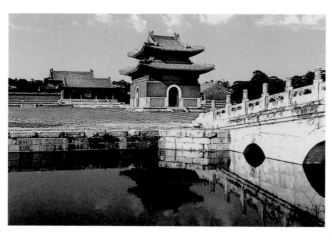

　　圖 2-38　清東陵孝陵前（蕭默／攝）

「風水」起於建築，尤其是葬地的選址，西元三世紀時已形成形勢宗與理氣宗兩大派。形勢宗較多結合山水形勢與禦寒納陽、生態平衡等實際功能和環境心理、審美效應等等，概括出了一個所謂「風水寶地」的環境模式，大致是一種背山面水，左右圍護的格局。建築基址坐北朝南，取得良好的日照。背後有高大的「座山」，阻擋冬季北來寒風，也是建築的背景依託。左右低丘環抱，易於形成局部小氣候，也使環境具有了相對的外部閉鎖性，加強安全感和均衡感。前方建築基地開闊舒展，稱「明堂」。明堂前應有池塘或河流蜿蜒流過，池塘岸線或河流水道最好向南凸出，可免大水時明堂受衝擊。前方低臨

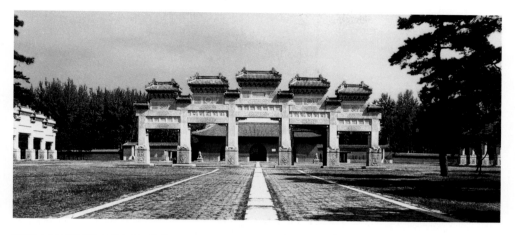

圖 2-39　清西陵泰陵入口廣場石牌坊群（蕭默／攝）

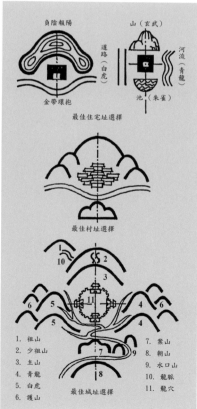

圖 2-40　「風水寶地」模式（尙廓／繪）

水面，也利於接納夏季南風，並取得生活用水，便於排汙。隔水則有近丘爲「案」，遠山爲「朝」，是建築的恰當對景，形成景觀層次。整個環境應林木蔥郁，河水清明，呈現盎然的生機（圖 2-40）。這種觀念，只要不是過於拘執，仍具有一定的科學和審美意義。理氣宗則主要依據主人的生辰八字來確定選址和方位朝向，迷信色彩較多。

凝固的園
神韻 的

中國建築

3

道法自然
——園林

▌中西自然觀與中西園林比較

　　由於中國和西方文化觀念的差異，欣賞中國建築一定要有一個與欣賞西方建築不同的眼光，這在中西園林藝術中體現得更加鮮明。中國比歐洲更早進入農業社會，更多依賴於大自然的賜予，使得中國人的自然觀也與更多進行狩獵活動的早期西方很不相同。中國人的原始自然崇拜的對象如天地日月，山川河流，社稷蠶桑諸神，都與農業有關。在中國人心中，大自然有如母親，相親相依，充滿了感情。中國雖然缺乏一種嚴格的宗教精神，卻崇拜「天道」。所謂「天人合一」（人就是自然的一部分，人的生命歷程也應該遵循自然的運行規律），「人法地，地法天，天法自然」，就表現出人不可以離開自然的樸素觀念。這種觀念，在園林中有更突出的表現，「雖由人作，宛自天開」，採取自由式構圖，屬於自然式，而與歐洲或伊斯蘭園林更多顯現的人對大自然的征服欲的幾何式園林大為不同。

　　中國園林有幾個重大的特點：(1) 重視自然美。中國園林對原有地形地貌的加工和改造，都遵循「有若自然」的原則，仿佛天然所成，以滿足人們親近自然的感情。園林中的建築不追求過於人工化的規整格局，建築美與自然

65

美充分交融。(2) 追求曲折多變。大自然本身就是變化多趣的,中國園林師法自然,必然也追求多變,採取自由式構圖。但自然雖無定式,卻有定法,所以,中國園林追求的「自由」並不是絕對的,其中仍有嚴格的章法,只不過不是幾何之法而是自然之法罷了,甚至比之規整式的構圖需要更多的才思。它和西方那種「強迫自然接受勻稱的法則」的造園理論所強調的對稱的格局、筆直的道路、規則的花壇和水池、有如地毯圖案般的草地和剪成幾何形體的樹木,具有體系性的不同。(3) 崇尚意境。中國園林藝術家們創造的美麗環境,不僅只停留在形式美的階段,而是更進一步,意圖藉由這外現的景,表達出內蘊之情。園林的創作與欣賞是一個深層的充滿感情的過程。創作時以情入景,欣賞時觸景生情,這情景交融的氛圍,就是所謂意境。中國園林的創作,高下成敗的最終關鍵,要視創作者的文化素養和審美情趣的高下、文野而定。意境主要通過總體佈局和局部設計來體現,同時也借助於聯想寓意,匾額楹聯的點題手法,使主題得以點示,意境更加深化。

中國園林以曲折的池岸、彎曲的小徑,用美麗的石頭堆成峰、巒、澗、谷,構成仿佛是大自然動人一角的美麗景觀。建築佈局自由,形象多變,整個園林仿佛是一幅立體山水圖卷,含蓄而內在。十七世紀末,英國造園家坦伯爾已經對中國園林有所認識,他說:「中國人運用極其豐富的想像力來造成十分美麗奪目的形象,但卻不是那種膚淺地就看得出來的規則和配置各部分的方法 …… 中國的花園就如同大自然的一個單元。」

中國園林早在先秦就已發軔,秦漢和隋唐掀起過兩次皇家園林建設高潮,唐宋以文人園面貌出現的私家園林得到很大發展,水準不在皇家園林之下,到明清進入總結階段。清代園林的成就更值得注意,是中國建築第三次發展高潮的重要組成部分。現存園林,幾乎全是這個時代的留存。私家園林以江南最集中,風格清新秀雅,手法精妙,較皇家園林的藝術水準還高。皇家園林現存者都在北京附近,規模巨大,且風格華麗。

▌江南私家園林

　　中國文人是一個特殊群體，深受儒家「居廟堂之高，則兼濟天下；處江湖之遠，則獨善其身」思想的薰陶。每當仕途不甚得意，便寄意林泉，園林便是他們最好的隱逸之地。其實道家的「貴無」、莊子的「無心」，還有佛家，尤其是南派禪宗的對人生的一種超脫的態度，與儒家的這種思想都是共通的。它們形成的一股文化合力，對於文人園（中國古典園林）的產生和風格的取向都發生過作用。

　　江南私家園林有以下幾個特點：(1) 規模較小，造園家的主要構思是「小中見大」，即在有限的範圍內運用含蓄、抑揚、曲折、暗示等手法來啟動人的主觀再創造，曲折有致，步移景異，造成一種似乎深邃不盡的景境，擴大人們對於實際空間的感受，手法更重寫意；(2) 大多以水面為中心，四周散佈建築，構成一個個景點，幾個景點組合而成景區；(3) 以修身養性、閒適自娛為園林主要功能；(4) 園主多是文人學士出身，園林風格以清高風雅，淡素脫俗為最高追求，建築體形多變，體量玲瓏，色彩淡雅，充溢著濃郁的書卷氣。這種園林可舉蘇州拙政園（始建於明，一五〇九年）、網

67

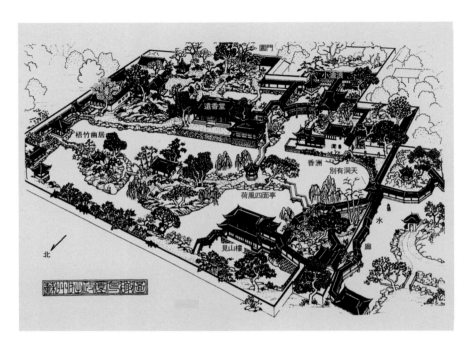

圖 3-1　蘇州拙政園鳥瞰（楊鴻勳／繪）

師園（清，一七九五年）爲代表。

　　拙政園初建於明，十分簡單，現存園貌主要形成於清末（即十九世紀末）。全園以中部爲主，約呈橫向矩形，水面也呈橫長形，水中堆出東西兩座山島，用小橋和堤把水面分成數塊。在水池西北、西南方向和東南角伸出幾條小水灣，岸線彎曲自然，有源源不盡之意。南岸留出較多陸地，建築主要集中於此，由宅入園的園門開在南牆中部（圖 3-1）。

　　入園後用一座假山擋住視線，稱爲「障景」。繞過假山到達主體建築遠香堂，才豁然開朗。一收一放，欲揚先抑，更加含蓄多趣。從遠香堂北望兩座小島，互成對景。從園中各處前望都有豐富的景色，如由西南角的跨水小閣小滄浪北望，透過廊橋小飛虹，近有香洲和荷風四面亭，遠望見

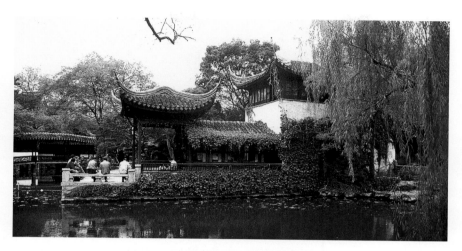

圖 3-2　拙政園香洲（蕭默／攝）

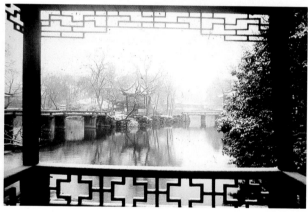

圖 3-3　拙政園由別有洞天半亭東望（資料光碟）

山樓，水景深遠，層次豐富。在小飛虹以北的水中有形如小船的香洲，輪廓豐富，體態玲瓏（圖 3-2）。從園西別有洞天半亭東望，透達縱深水面，南岸建築迭起，北面樹石掩映，形成景色對比，荷風四面亭和低近水面的折橋更增加了景觀層次，稱為「隔景」。荷風四面亭在二橋一堤相匯的交點，是環顧四望景色的佳處，也是周圍各景點近觀的對象和遠觀的襯托，既能得景又能成景（圖 3-3）。從園東梧竹幽居亭西望，透過水池亭閣，在

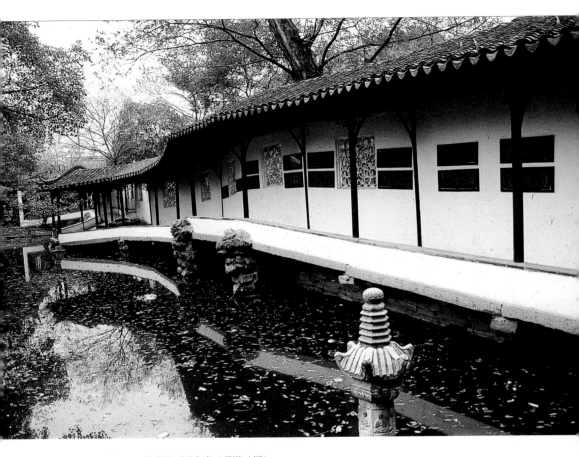

圖 3-4　拙政園西園水廊（蕭默／攝）

樹梢上可遙見遠處的蘇州報恩寺塔，將塔景引入園內，稱為「借景」。

　　園之西另有西園，二者通過別有洞天圓門互通。西園東壁的水廊下承石礅，水面探入廊下，感到幽曲無盡。廊隨牆而行微有曲折，豎向自然起伏，樸素恬淡，顯出無盡的畫意（圖 3-4）。

　　網師園是蘇州小型園林的上乘之作。園東鄰園主住宅，主要園門開在東南角。

　　入門西行通過短廊到達一座廳堂小山叢桂軒南側，擋住北望的視線，

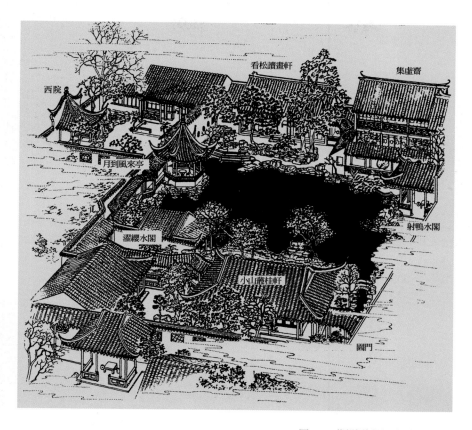

圖 3-5　蘇州網師園（楊鴻勛／繪）

只有從廳西折廊逶邐向北，通至輕靈小巧的濯纓水閣，才水光瀲灩，頓覺
開朗。與拙政園入口的處理原則一樣，也是慣用的欲揚先抑手法（圖 3-5）。

　　水池居中，基本方形，岸石低臨，進退曲折，石下水面向內伸進，仿
佛波浪沖蝕的意象。從濯纓水閣傍西牆北行，有廊漸高，登至月到風來亭，
有登高一覽的效果。亭北通向一蒼松翠柏怪石嶙峋之區，體量較大的看松
讀畫軒隱在松柏之後。軒東的集虛齋為樓，也遠離水池，都是為了減弱對
池面的壓抑感。齋南通過空廊連接附在住宅西牆上稱為射鴨水閣的半亭，

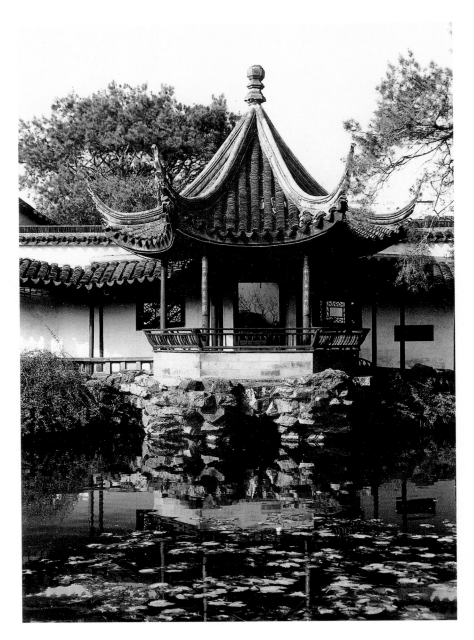

圖 3-6 網師園月到風來亭（蕭默／攝）

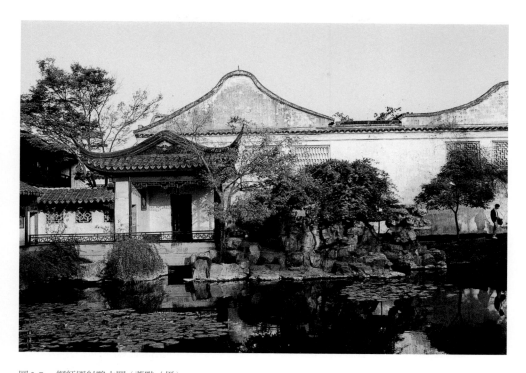

圖 3-7　網師園射鴨水閣（蕭默／攝）

與月到風來亭和濯纓水閣呈品字相望，組成沿池三角形觀景點，互相得景成景（圖 3-6）（圖 3-7）。

　　幾乎從每個門洞和敞窗中望出去，都會遇到引人的景觀，稱為「框景」。射鴨水閣半亭衝破了龐大山牆的板滯，其南堆起一叢山石，種植小樹疏竹，形成如畫的構圖，宅院高大西牆好像畫面的背景，上開假漏窗數處，豐富了構圖。

　　從以上二例，我們已可感受到中國古典園林精巧細膩的造園手法。

　　此外，蘇州的滄浪亭、環秀山莊和留園，無錫寄暢園，揚州個園、寄嘯山莊和公共園林瘦西湖，都是江南名園。

▎華北皇家園林

華北皇家園林的特點是：(1) 規模都很大，以眞山眞水爲造園要素，所以更重視選址，手法側重寫實；(2) 景區範圍更大，景點更多，景觀也更豐富；(3) 功能內容和活動規模都比私家園林豐富和盛大得多，幾乎都附有宮殿，常佈置在園林主要入口處，用於聽政，園內還有居住用的殿堂；(4) 風格側重於富麗華彩，渲染出一片皇家氣象。建築體形也比較凝重平實，既是皇家風格也是華北地方風格的體現，與江南輕靈秀美的風格不同。

現存北京頤和園（清，一七〇五年）、河北承德避暑山莊（清，一七〇三至一七九〇年）是最好的代表。

頤和園由萬壽山和昆明湖組成。山居北，橫向；湖居南，呈北寬南窄的三角形。全園可分爲宮殿區、前山前湖區、西湖區和後山後湖區四大景區（圖 3-8）。

主要園門東宮門在昆明湖東北角，正當湖、山交接處。入門就是宮殿區，臣屬可就近觀見，不必深入園內。

繞過宮殿的主殿，通過一條曲折遮掩的小道，進入前山前湖區，氣氛

忽然一變：前泛平湖，目極遠山，
視野十分遼闊，遠處玉泉山的塔
影被借入園內，近處岸邊的一排
喬木起了「透景」作用，增加了
層次，加深了園林的空間感。這
種欲揚先抑的手法，是從私家園
林借鑑來的（圖3-9）。

　　萬壽山體形比較缺少變化，
在山南麓聳起體量高大的佛香
閣，與閣北琉璃閣一起，大大豐

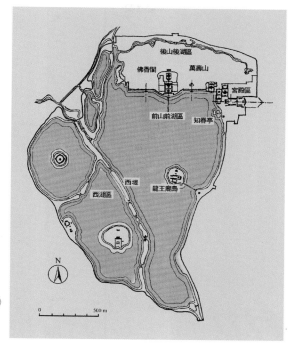

圖3-8　北京頤和園總平面圖（蕭默／繪）

圖3-9　頤和園昆明湖（樓慶西／攝）

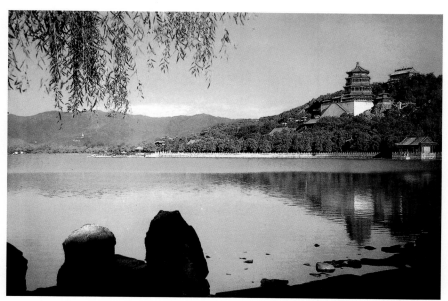

75

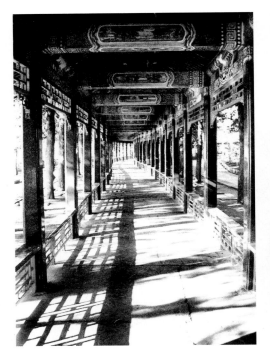 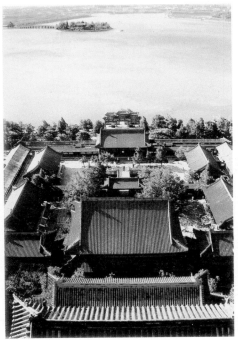

圖 3-10 頤和園萬壽山前的長廊（蕭默／攝）　　圖 3-11 從佛香閣南望龍王廟鳥瞰（樓慶西／攝）

富了山體輪廓。閣下有高台座，不在山巔而在山腹，強調了佛香閣與昆明湖的密切聯繫，也顯示了它與山的親和關係。以人工來補足自然，大大豐富了萬壽山的整體形象。體量較大、體形寬厚的樓閣，足以成爲範圍廣大的全園構圖中心。在閣下山腳與湖岸之間，建造了東西長達七百公尺世界最長的長廊，把山麓的眾多小建築聯繫起來（圖 3-10）。

　　由佛香閣大台座南眺，對面龍王廟島是建園初東擴湖面時特意留出的，成爲萬壽山的對景（圖 3-11）。

　　頤和園前山前湖區性格開朗宏闊，眞山眞水，大筆觸，大場面，大境界，建築施以華麗彩畫，風格濃麗富貴。

76

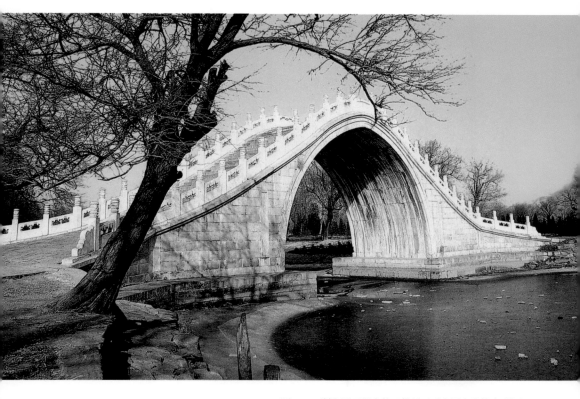

圖 3-12　頤和園西堤上的玉帶橋（《中國古建築大系》）

圖 3-13　頤和園後湖蘇州街（蕭默／攝）

在昆明湖西部築西堤，堤上有多座美麗的橋。堤西隔出水面兩處，各有島一，爲西湖區，性格疏淡粗放，富有野趣（圖 3-12）。

萬壽山北麓是後山後湖區，以彎曲河道串聯一串小湖，夾岸幽谷濃蔭，性格幽

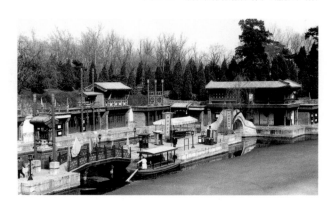

曲窈窕。後湖中段，兩岸仿蘇州水街建成店鋪，有江南鎮埠意味（圖 3-13）。

77

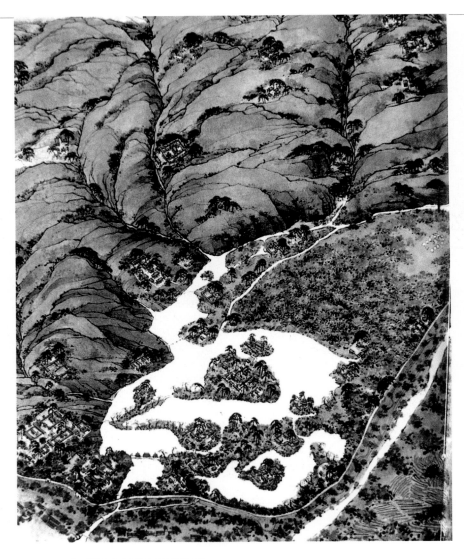

圖 3-14　承德避暑山莊全景圖（清代繪畫）

　　承德避暑山莊也可分爲四大景區：山巒區最大，在園西部；湖泊區和
平原區在園東部，分居南北；宮殿區佔地甚少，在南部山、湖二區之間，
建築形體樸素，色彩淡雅。湖泊區是園林主要景點所在。在大小水面中有

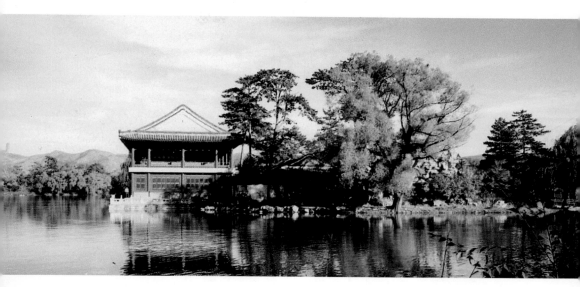

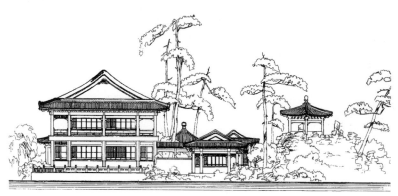

圖 3-15　避暑山莊煙雨樓側面（《承德古建築》）

許多島嶼，以堤、橋相連，各島岸線逶迤多變，步移景異，富有江南水鄉情趣，建築各自成組，呈分散式佈局。平原區富有塞北草原風光，有大片草地和林地，林中空地建蒙古包。山巒區有三條山谷，山內原有數十座小園、寺廟等景觀（圖 3-14）（圖 3-15）（圖 3-16）。

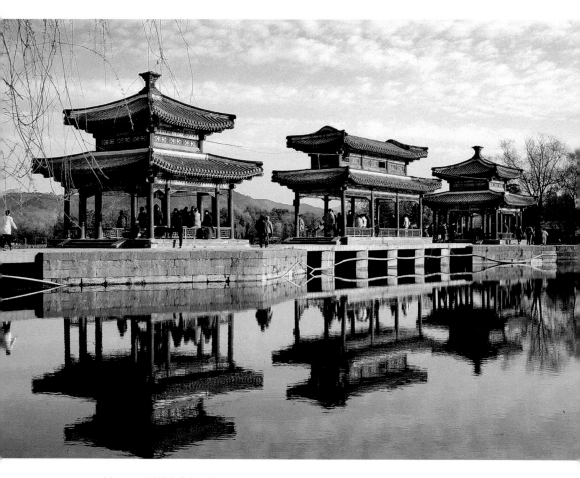

圖 3-16　避暑山莊水心榭

　　避暑山莊全園似乎是整個中國的縮影。

　　皇家園林經常採用風格比較活潑生動的蘇式彩畫（圖 3-17）。

　　此外，北京圓明園（清，始建於十八世紀初）是最傑出的皇家園林，但兩次毀於外國侵略軍之手，現在僅存有遺跡和當時部分圖紙與模型。其中西洋樓是對歐洲古典復興建築的模仿之作，現在也只留有幾根石柱了（圖 3-18）（圖 3-19）（圖 3-20）。

圖 3-17　蘇式彩畫
（劉大可／攝）

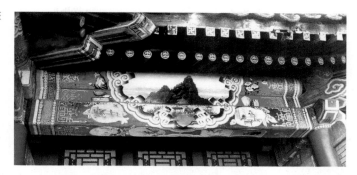

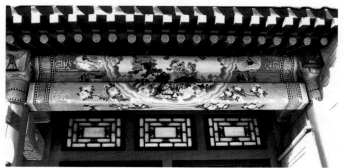

圖 3-18　北京圓明園
復原鳥瞰（《中國
建築藝術史》）

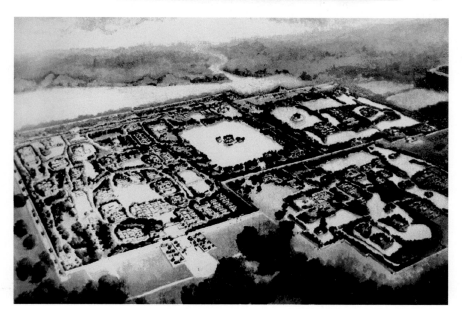

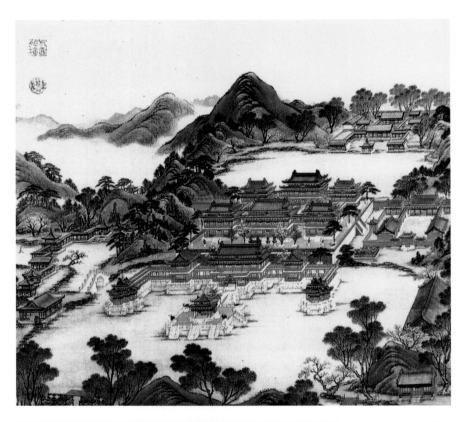

圖 3-19　圓明園「方壺勝境」（清代繪畫）

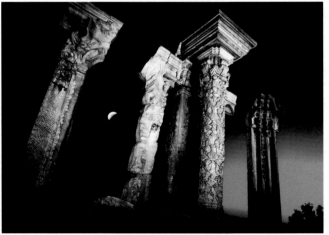

圖 3-20　圓明園遠瀛觀遺跡（《巍巍帝都——北京歷代建築》）

82

　　中國園林在世界上享有崇高的地位，早在唐宋時就對朝鮮和日本園林產生過直接影響。十七世紀更被介紹到歐洲，先是英國，然後又在法國和其他國家引起驚奇，紛紛仿造。但不久，歐洲人便發現要造起一座達到眞正中國園林那樣水準的園林是多麼困難。蘇格蘭人錢伯斯曾到過中國，晚年擔任英國宮廷總建築師，在好幾本書裡都描寫過中國園林。他說：「中國人的花園佈局是傑出的，他們在那上面表現出來的趣味，是英國長期追求而沒有達到的。」錢伯斯提醒說：「佈置中國式花園的藝術是極其困難的，對於智能平平的人來說，幾乎是完全辦不到的。……在中國，造園是一種專門的職業，需要廣博的才能；只有少數人才能達到化境。」

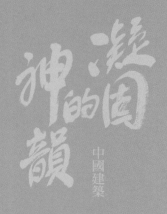

凝固的園
神的韻
中國建築

④

吾亦愛吾廬
——民居

▌民居的人文性

　　與其他建築相比，民居是出現最早也是最基本的建築類型，數量最多，分佈最廣。民居建造的直接目的主要在於滿足人們日常生活起居的實際需要，是「家」的所在。在特別重視血緣親情的中國，「家」是一個特別富有感情色彩的地方，所以，人們在向民居提出物質性要求的同時，也並沒有忘記向它提出適當的精神性要求，即普遍的審美性和情感性，甚至還可能上升到表達某種思想傾向的高度，如體現儒家文化重視的尊卑之禮、長幼之序、男女之別、內外之分等宗法倫理思想。

　　中國地域遼闊，歷史悠久，中國民居的多樣性，在世界建築史中也是難得的現象。民居又最具地方性，也更有創造性，民居還更多具有自然質樸的性格，都是利用當地出產的材料，用最經濟的方法，密切結合氣候和地形、環境等自然因素建造的。人和自然在這裡有最直接的親密交往，建築鑲嵌在自然中，更多與自然的協調，更少與自然的對比。

　　中國的漢族民居依形式分大致可有六種：即北方院落民居、南方院落民居、南方天井民居、嶺南客家集團民居、南方自由式民居和西北窯洞民居。

▌ 院落式民居

　　北方院落民居以北京四合院水平最高，也最為典型，親切寧靜，有濃厚的生活氣息，庭院方闊，尺度合宜，是中國傳統民居的優秀代表。它所顯現的向心凝聚的氣氛，也是中國大多數民居性格的表現。院落的對外封閉、對內開敞的格局，可以說是兩種矛盾心理明智的融合：一方面，自給自足的封建家庭需要保持與外部世界的某種隔絕，以避免自然和社會的不測，常保生活的寧靜與私密；另一方面，根源於農業生產方式的一種深刻心態，又使得中國人特別樂於親近自然，願意在家中時時看到天、地、花草和樹木。院落又稱為「庭院」，「家」也稱「家庭」，貼切反映了中國人對「庭院」的需要。

　　北京四合院多有外、內兩院。外院橫長，宅門不設在中軸線上而開在前左角，有利於保持民居的私密性和增加空間的變化。進入大門迎面有磚影壁一座，由此西轉進入外院。在外院有客房，男僕房、廚房和廁所。由外院向北通過一座華麗的垂花門進入方闊的內院，是全宅主院。北面正房稱堂，最大，供奉「天地君親師」牌位，舉行家庭禮儀，接待尊貴賓客。

正房左右接出耳房，居住家庭
長輩。耳房前有小小角院，十
分安靜，所以耳房也常用作書
房。主院兩側各有廂房，是後
輩居室。正房、廂房朝向院子
都有前廊，用抄手遊廊把垂花
門和三座房屋的前廊連接起來。
廊邊常設坐凳欄杆，可以沿廊
走通，或在廊內坐賞院中花樹。
正房以後有時有一長排「後罩
房」，或作居室，或爲雜屋（圖
4-1）（圖 4-2）。

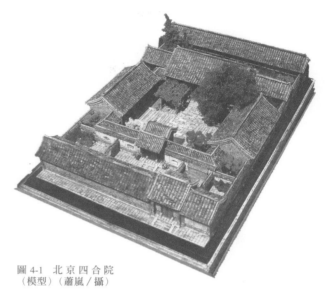

圖 4-1　北京四合院
（模型）（蕭嵐／攝）

北京四合院中蒔花置石，
植樹，列盆景，以大缸養金魚，
寓意吉利，是十分理想的室外
生活空間。好像是一座露天的
大起居室，把天地拉近人心，
最爲人們所鍾情。抄手遊廊把
庭院分成幾個大小空間，分而
不隔，互相滲透，增加了層次
的虛實映襯和光影對比，也使
得庭院更符合人的日常生活尺
度，家庭成員在這裡得到交流，
創造了親切的生活情趣。

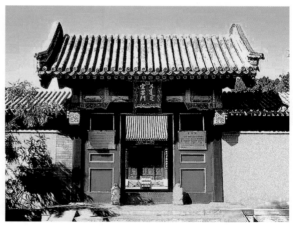

圖 4-2　四合院垂花門（劉大可／攝）

　　早至晚商，歷漢唐宋元各代，都有許多遺址或圖像，證明了院落民居

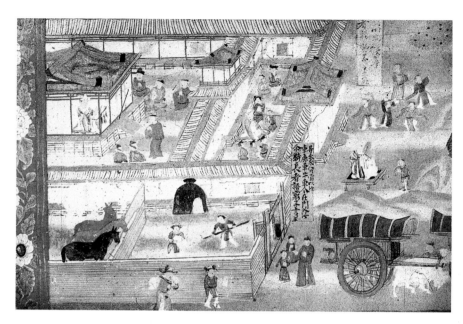

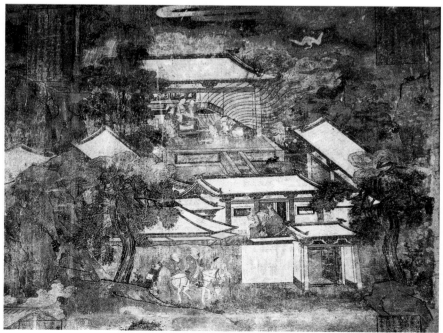

歷史的久遠和發展的痕跡（圖 4-3）（圖 4-4）。

　　南方院落民居多由一個或更多院落合成，各地有不同式樣，如浙江東陽及其附近地區的「十三間頭」民居，通常由正房三間和左右廂房各五間樓房組成三合院。上覆兩坡屋頂，兩端高出「馬頭山牆」。院前牆正中開門，左右廊通向院外也各有門。此種佈局非常規整，簡單而明確，院落寬大開朗，給人以舒展大度堂堂正正之感（圖 4-5）。

　　南方大型院落民居典型的佈局多分爲左、中、右三路，以中路爲主。中路由多進院落組成，左右隔縱院爲朝向中路的縱向條屋，對稱嚴謹。在宅內各小庭院中堆石種花。庭院深深，細雨霏霏，花影扶疏，清風飄香，格調甚爲高雅。浙江東陽邵宅是其比較典型的代表（圖 4-6）。

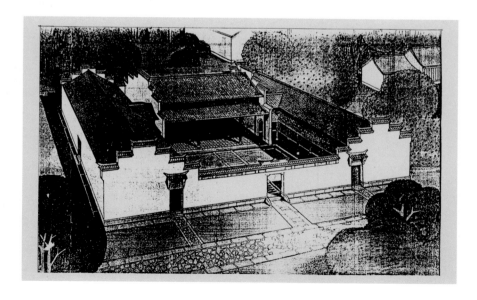

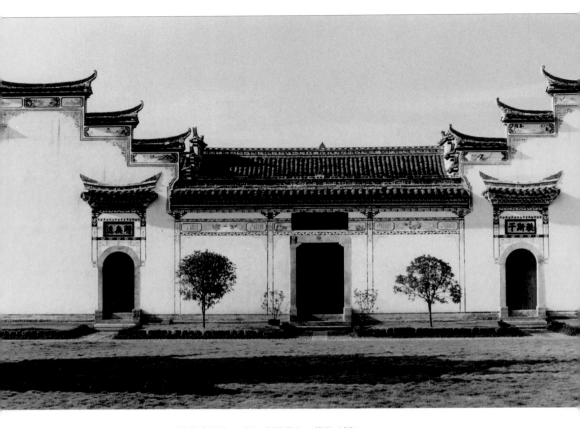

圖 4-6　南方大型院落式民居──浙江東陽邵宅（蕭默／攝）

　　南方盛行的天井民居中的「天井」其實也是院落，只是較小。南方炎熱多雨而潮濕，在山地丘陵地區，人稠地窄，民居佈局重視防曬通風，也注意防火，佈局緊湊，密集而多樓房，所以一般中下階層家庭多用天井民居。天井四面或左右後三面圍以樓房，陽光射入較少；狹高的天井也起著拔風的作用；正房即堂屋朝向天井，完全開敞，可見天日；各屋都向天井排水，風水學稱之為「四水歸堂」，有財不外流的寓意。外圍常聳起馬頭山牆，利於防止火勢蔓延。馬頭山牆都高於屋頂，輪廓作階梯狀，變化豐富，牆面白灰粉刷，牆頭覆以青瓦兩坡牆檐，白牆青瓦，明朗而雅素。沒

90

有過多裝飾，只在重點部位如大門處作一些處理（圖 4-7）（圖 4-8）。

天井民居以皖南徽州地區最爲典型，最基本的平面呈「口」形或「Π」形；大者呈「H」或「日」字形。

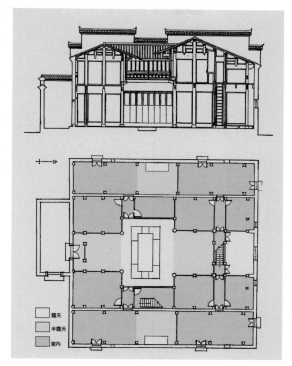

圖 4-7　徽州天井式民居（《中國傳統民居建築》）

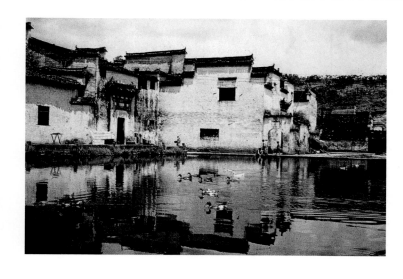

圖 4-8　安徽黟縣宏村月沼（蕭默／攝）

▌集團式民居

　　嶺南（粵、閩南、贛南）客家集團民居是一種大型居宅。

　　中國歷史上有過兩次漢族自北而南的大遷徙。一次在兩晉之間，一次為兩宋之間。全是因於北方戰亂，望族大姓大舉合族南移，輾轉定居於當時還相當落後的嶺南，聚族而居，自稱「客家」。

　　客家恪守南遷前的文化傳統，更多體現了晉唐中原漢族文化的原貌。特別遵行儒禮，崇拜祖先，珍視家族團結，重視風水，形成很有特色的客家文化。集團式民居就是客家文化的表現。

　　客家集團民居被認為與東漢至魏晉中原盛行的小型城堡「塢壁」有很大關係。有多種形式，主要有五鳳樓和土樓兩種，其共同特點是規模巨大，圍合嚴密，作向心對稱佈局，居住同一家族十幾至幾十個家庭。

　　五鳳樓沿全宅中軸線由前至後佈置下堂（門廳）、中堂和主樓。中堂為家族聚會大廳；主樓多為三到五層，底層正中為祖堂，供奉祖先牌位，與下堂、中堂一起合稱「三堂」。主樓周圍及以上各層為各家居室。中堂之前有院，左右各有廂廳，並有通道通向與中軸平行的條形長屋，也是各

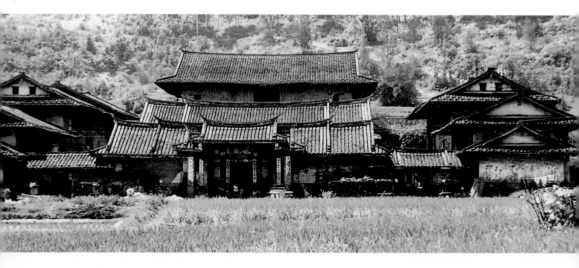

圖 4-9　福建永定文翼堂——客家五鳳樓（張青山／攝）

家居室。長屋由前至後層數遞增，最後與主樓高度接近。全宅大形有如鳳
凰展翅，氣勢舒展，所以稱爲「五鳳樓」。屋頂多爲歇山式，屋坡舒緩，
屋角平直，明顯保留了較多的漢唐風格。五鳳樓可以福建永定文翼堂爲代
表（圖 4-9）。

　　土樓有方樓、圓樓兩種，是一種全封閉的大型民居。特點是以一圈高
達二至五層的樓房圍成巨宅，內爲中心方院或圓院，祖堂設在樓房底層與
宅門正對的中軸線上。或在院內建平房圍成第二圈，甚至第三、四、五圈，
祖堂設在核心內圈中央。外圈土牆特厚，一、二層是廚房、雜物間和穀倉，
對外不開窗或只開極小的射孔，三層以上才住人開窗，也可憑以射擊，防
衛性特強。土樓中的圓樓可以福建永定承啓樓爲代表（圖 4-10）。

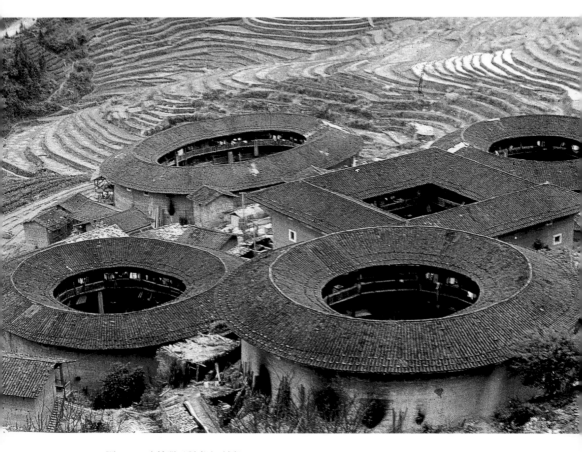

圖 4-10　土樓群（張青山／攝）

▌自由式民居

　　南方自由式民居不採用院落，總體構成和單體造型都十分自由，多爲中下階層所用。自由式民居多數規模較小，特別重視空間的合理利用，不強調禮法制度。但仍然追求造型的完美。因爲衝脫了禮制的約束，組合相當靈活，形式更加多樣。其造型特點可歸結爲：(1) 多數是在平面和屋頂都相連的一棟建築上，施展多樣手法，創造出內部上下左右都可以走通的豐富空間，外向開敞顯露，與自然融成一體。(2) 形式不求規整對稱，或雙坡頂前小後大，或樓房與平房毗連，或在屋頂上部升出爲閣樓，或在外牆某處局部挑出懸樓，上覆披檐。平面有一字形、曲尺形或各種無以名之的形狀。內部空間也富於變化。地面隨基地標高的不同而不同，同室地面也可不在同一高度，或房屋一面和另一面的層數不同。總之，完全依據現場情況靈活確定。(3) 這些變化多使用稱爲「穿斗式構架」的一種民間輕便構架完成，僅只作一些簡單的處理，便可巧變萬端，顯示了極大的靈活性。(4)所用材料都是土生土長最易得、最經濟的產品，如以小青瓦、茅草鋪頂，以青磚、編笆抹灰，木板、亂石、塊石或泥土築牆，形成了色彩、肌理、

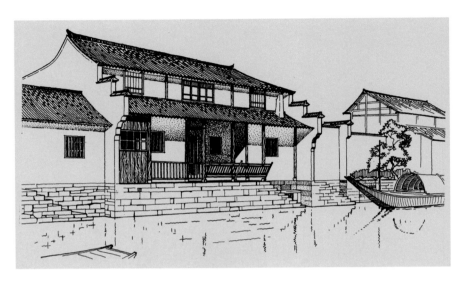

圖 4-11　江南自由式民居
（《浙江民居》）

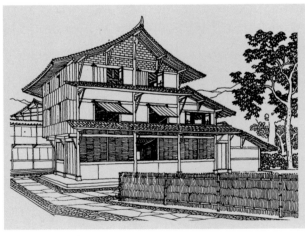

圖 4-12　江南自由式民居
（《浙江民居》）

質感的自然對比。牆面上自然暴露木結構，顯出其結構穿插之美，另有一種單純天真的趣味（圖 4-11）（圖 4-12）。

　　由民居構成的村鎮，建築穿插高下，進退起伏，構成動人的景觀（圖4-13）（圖 4-14）。

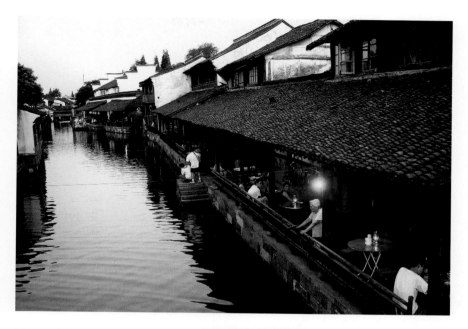

圖 4-13　烏鎮廊棚

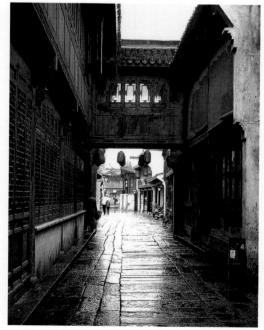

圖 4-14　烏鎮過街樓

凝固的
神的
韻

中國建築

5

梵宮琳寺如畫
——寺觀與塔

▌中西宗教觀與中西宗教建築比較

在中世紀形成的歐洲城市，人們見到的最顯眼的建築幾乎全都是宗教建築——神廟或教堂，體量巨大，體形高峻，坐落在城市中心、高地或二者兼備的地方。而在中國，都城的中心卻都是範圍廣大莊嚴輝煌的宮殿，地方城市的中心地帶則是代表政權力量的各級衙署。西方中世紀文化是神本主義的，教會是社會的中心，宗教建築特別發達，充滿著神的氣息；而在中國，卻是以君權為中心的人本主義，神權始終處於次要的地位。注重人事、關心政治的孔門儒學對宗教一向持有清醒的態度，特別強調把人們的注意力引向以倫理綱常為內容的人世關係中去。

儒學的清醒理性，對人們尤其對統治者和知識分子有著深刻影響，歷代有作為的皇帝對於宗教在利用與容忍的同時，莫不都採取限制的政策。一旦宗教和皇帝的矛盾激化（主要是經濟上爭奪民力），就堅決控制，甚至採取下令滅佛一類措施。

中國與西方一樣，也承認君權神授，但西方的重點在神，君主的權力須由教會授予。中國的重點卻在君，他是天的兒子，他的權力直接受之於

天，無須宗教或教會爲媒介。中國從來沒有出現過教皇制。反之，宗教卻要依附皇權才能生存，儒學才是正統的思想武器。

中國宗教建築的藝術性格也不重於表現人心中的狂熱，而是重在「再現」彼岸世界那種精神的寧靜和平安，即使在因數量之多而地位僅次於宮殿、禮制建築和陵墓的宗教建築，包括佛道寺觀和佛塔中，也充溢著一種人間的氣息，強調與人相親相近的寧靜與和諧。在這裡沒有激動，沒有神秘，不像西方的教堂，以其迥異於人的日常所需的巨大體量和不凡的形象，來渲染神性的迷狂。

中國主要流行從印度傳入的佛教，還有產生於本土的道教。佛寺在初期受到印度的影響，但很快就開始中國化的過程，使它在發展中帶有明顯的中國特色，並不是印度建築的簡單移植，主要是中國人自己的創造。

中國佛寺與住宅和宮殿有很多共同之處，同樣都以木結構爲本位，同樣都採取院落形式的群體組合。這一點，也和與住宅或宮殿截然不同的西方教堂有很大不同。

道教的寺廟稱爲道觀，往往模仿佛寺。佛教和道教的觀念雖有所不同，但這些不同並不足以使得佛寺和道觀發生根本的差異。佛寺和道觀因而是相當一致的。

▌ 城市寺觀

　　從東漢至魏晉，早期佛寺按佈局分為兩種：一種以塔為中心，主要流行在北方；一種中心不建塔，形同宅院，南方較多。中心塔式佛寺佈局源於印度佛教觀念。在印度，圍繞所尊崇物右旋回行是最大的恭敬，繞塔禮拜也就成了信徒們的最大功德。中心塔式佛寺以廊廡或院牆圍成院落，院中建塔，塔周圍的空地正好可供僧徒回行。大塔高聳，形象突出，成為構圖主體；庭院四角若有角樓，則與大塔形成呼應，是大塔的陪襯，構成豐富的輪廓線。當時的中心塔式佛寺現在已經不存在了，但由北魏永寧寺遺址和日本同期的大阪四天王寺的佈局，以及北魏石窟佔多數的中心塔柱式石窟可以得到證明（圖 5-1）。

　　從隋唐起，中心塔式佛寺逐漸減少，說明南北朝以前的南北佛教，隨著國家的再次統一得到交流，原來的北重戒行、南重義理的情況有所改變，宣講義理所需的大殿和講堂更加重要了。

　　唐代佛經輸入和譯經事業有顯著發展，佛教也出現了許多宗派，以淨土宗和禪宗的影響更大。淨土宗的樂觀主義和簡明便捷，最能得到不重煩

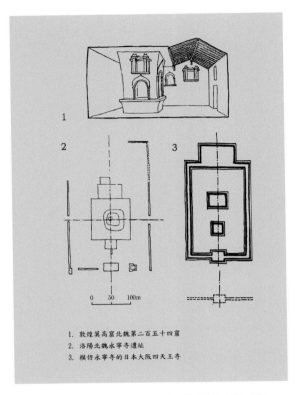

1. 敦煌莫高窟北魏第二百五十四窟
2. 洛陽北魏永寧寺遺址
3. 模仿永寧寺的日本大阪四天王寺

圖 5-1　中心塔柱式石窟與中心塔式佛寺（蕭默／繪）

瑣思辨的一般中國人的信仰。禪宗在唐代分爲南北二派，南派主張頓悟，聲稱只要相信自在佛性，不待他求，便可解脫，甚至即身成佛。北宗主張漸悟，人的佛性需要時加拂拭，堅持坐禪和戒行。早期流行的接近於印度佛教原型的以煩瑣思辨和悲觀主義爲特點的教義都已蛻消，佛教已更加中國化了，洋溢著一片世俗之情。因此，隋唐佛寺的藝術風格更近於輝煌、溫情和平易。佛寺不僅是宗教中心，也是市民的公共文化中心，以宏麗的建築、美如宮娃的菩薩、燦爛的以溫暖色調表現的佛國淨土壁畫，造成了一座座常年開放的「美術博物館」。其豐富的法會儀式、生動的俗講和歌舞戲演出，也極大地吸引著公眾，使得佛寺除了宗教必然要求的嚴肅、神秘以外，又添加了人間生活的歡樂氣息，充溢著人文主義的色彩。這些，都與歐洲中世紀基督教堂所體現的那種清冷、嚴峻和禁慾主義大不相同。

　　隋唐佛寺至今幾乎全部不存，其形象卻可以幸運地在敦煌石窟數以百計的大型經變畫中看到。敦煌壁畫裡的佛寺和其他重要傳統建築一樣，仍然是一些具有中軸線的、規整的院落。畫面表現了全寺中軸線上最重要的一個庭院。佈局對稱均衡，有縱軸、橫軸，縱軸線上從前至後有一至三座

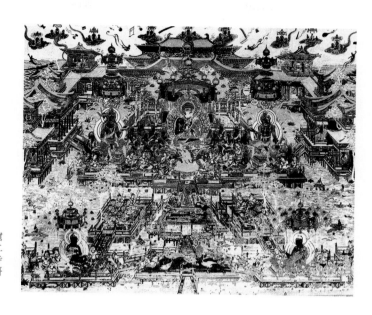

圖5-2　敦煌石窟
盛唐第一百七十二
窟北壁壁畫佛寺
（《敦煌建築研
究》）

殿堂，橫軸在前殿以前，在橫軸左右與東西迴廊相交處建配殿。院子四角
有角樓。庭院內多畫成滿是水面，水上立著許多低平方台，是依據佛經描
述的西方極樂世界的景象畫出的，在真正的佛寺中不一定普遍存在。從壁
畫可知，唐宋佛寺與明清佛寺相比，只在寺院左部建鐘樓，右部有經藏，
沒有鼓樓，也不在寺後建藏經閣。

　　這些壁畫再一次具體顯示了中國建築重視群體美的重大特色：各單座
建築之間有著明確的主賓關係，前殿最大，是整個建築群的構圖主體，門
屋、配殿、廊廡、角樓都對它起烘托作用；各院落之間也有主賓關係，中
軸線上大殿前方的主要院落是統率眾多小院的中心；建築群有豐富的整體
輪廓，單層建築和樓閣交錯起伏，長段低平的廊廡襯托著高起的角樓，形
成美麗的天際線。這些聯繫在各個局部之間交織成了一張無形、但可以感
覺得到的理性的網，使全局渾然一體，洋溢著一種佛國淨土般的寧靜與平

103

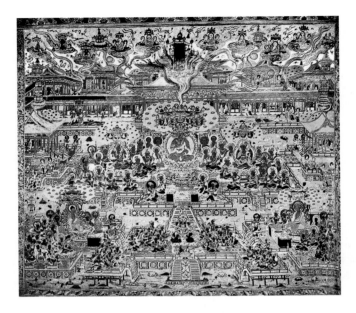

圖 5-3　敦煌石窟盛唐
第一百四十八窟東壁
北側藥師經變（《敦
煌建築研究》）

安的氛圍（圖 5-2）（圖 5-3）。

　　現在僅存的唐代也是中國最早的木結構建築只有四座，都是佛殿，也都在山西，十分珍貴，其中更重要的爲南禪寺與佛光寺的兩座大殿。

　　南禪寺大殿建於西元七八二年，不大，平面近於方形。因進深不大，屋頂是四面出水的單檐歇山式（上部兩坡，下部四坡），屋坡十分平緩。以後，方形或近於方形平面的殿堂都普遍採用歇山屋頂（圖 5-4）。

　　佛光寺大殿建於西元八五七年，是一座中型殿堂，在寺的最後高台地上，高出前部地面十二、三公尺。大殿平面長方形，屋頂爲單檐廡殿（四坡），屋坡也很緩和。殿內有一圈內柱，把全殿空間分爲兩部分：內柱所圍的空間較高，內有佛壇，壇上有五組造像，與建築配合默契，是殿內的主體空間。內柱以外的一圈空間較低較窄，是主體空間的襯托，也形成對比，其樑架和天花板的處理手法又與主體空間一致，有很強的整體感和秩

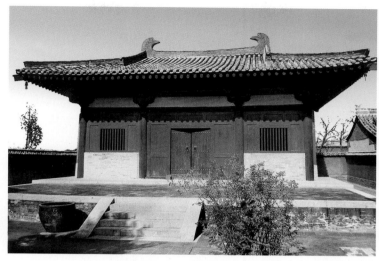

圖5-4 山西
五台山南禪
寺大殿（孫
大章、傅熹
年／攝）

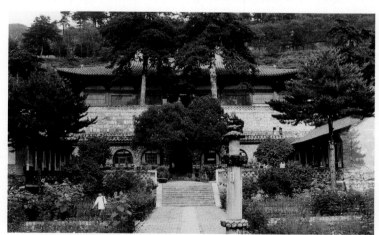

圖5-5 山西
五台山佛光
寺大殿（蕭
默／攝）

序感。所有的大小空間在水平方向和垂直方向都力避完全的隔絕，尤其是複雜交織的樑架使空間的上界面朦朧含蓄，絕無僵滯之感。通過這個實例，可以表明，唐代建築匠師已具有高度自覺的空間審美能力和精湛的處理技巧（圖5-5）（圖5-6）（圖5-7）。

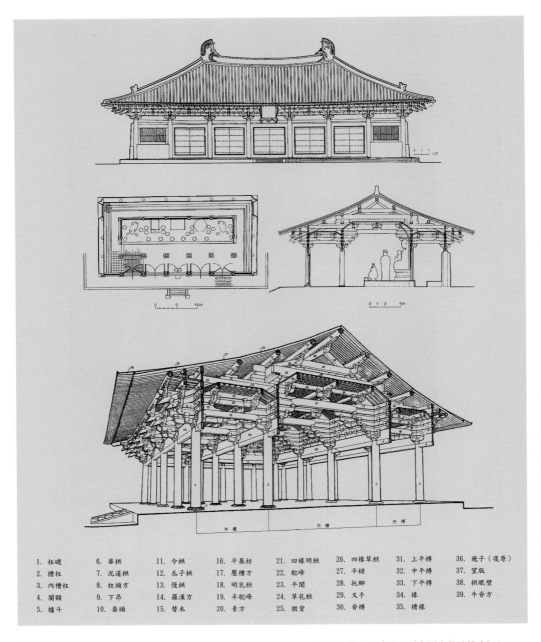

1. 柱礎	6. 華栱	11. 令栱	16. 平棊枋	21. 四椽明栿	26. 四椽草栿	31. 上平榑	36. 飛子（復原）
2. 檐柱	7. 泥道栱	12. 瓜子栱	17. 壓槽方	22. 駝峰	27. 平槫	32. 中平榑	37. 望版
3. 內槽柱	8. 柱頭方	13. 慢栱	18. 明乳栿	23. 平闇	28. 托腳	33. 下平榑	38. 栱眼壁
4. 闌額	9. 下昂	14. 羅漢方	19. 半駝峰	24. 草乳栿	29. 叉手	34. 椽	39. 牛脊方
5. 櫨斗	10. 要頭	15. 替木	20. 素方	25. 襻背	30. 脊槫	35. 檐椽	

圖 5-6　佛光寺大殿（《中國古代建築史》）

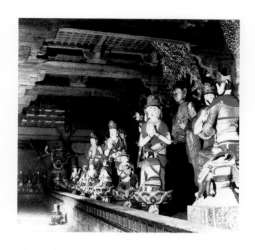

圖 5-7　佛光寺大殿內部（《中國古代建築技術史》）

宋代以後留存的佛寺較多，著名者如天津薊縣獨樂寺觀音閣、山西大同善化寺和華嚴寺、河北正定隆興寺。著名的道觀有山西芮城建於元代的永樂宮。

天津薊縣獨樂寺觀音閣建於西元九八四年（遼代）。外觀兩層，結構實爲三層，二、三層中空，內有高達十六公尺通高三層的觀音塑像。由下仰望，兩層欄杆和一層藻井層層縮小，平面形式發生有規律的變化，富有韻律感並增加高度方向的透視錯覺，建築和塑像配合得非常默契（圖 5-8）（圖 5-9）。

山西大同善化寺是遼金名寺，現在還保存得比較完整：庭院周繞廊廡，最大的大殿在全寺最後，建在大台上。殿前東西廊上的配殿都是樓閣，西邊一座名普賢閣，至今尚存。以樓閣爲主要大殿的左右陪襯，在敦煌唐宋壁畫所見也很多，是當時常見的。樓閣的豎向感較強，體量不大，採用

圖 5-8　天津薊縣獨樂寺觀音閣（蕭默／攝）

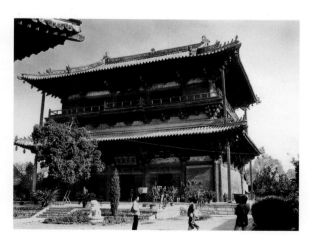

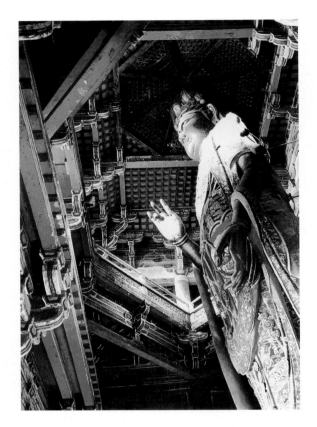

圖 5-9　獨樂寺觀音閣內部（羅
哲文／攝）

形式較富變化的歇山頂，與大體量的廡殿頂的較為嚴肅的大殿恰構成大小、
方向、豐簡等風格的對比。全寺的重心在後部，更加含蓄、內在而溫文，
是中國人審美心態的反映（圖 5-10）。

　　大同華嚴寺（遼金）朝東，反映了契丹族以東為上的風俗。大殿也建
在大台上，是中國現存遼、金時期最大的佛殿之一（另一座是遼寧省義縣
奉國寺大殿）。它的右前方有薄伽教藏殿，仍存。依對稱原則，可以推測
在主殿左前方原來也應有一座殿堂。全寺呈橫向佈局（圖 5-11）（圖 5-12）。

　　河北正定隆興寺（北宋）則特別強調縱深。由南而北由多進庭院組成。

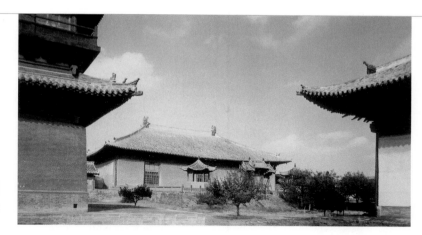

圖 5-10　山西大
同善化寺大雄寶
殿（孫大章、傅
熹年／攝）

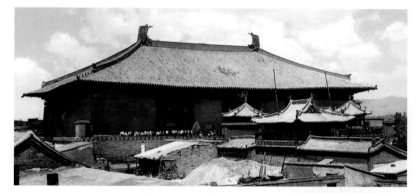

圖 5-11　山西大
同華嚴寺大殿正
（東）面（孫大
章、傅熹年／攝）

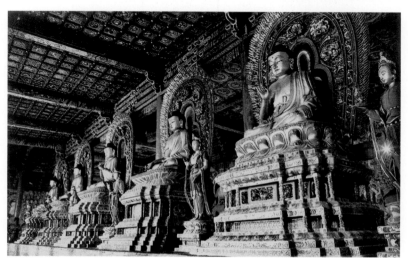

圖 5-12　華嚴寺
大殿內部（《中
國建築藝術史》）

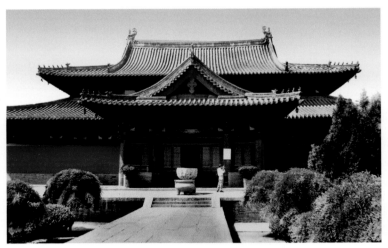

圖 5-13　河北正定
隆興寺摩尼殿（蕭
默／攝）

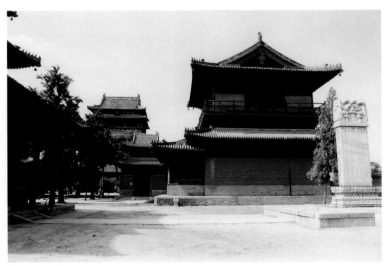

圖 5-14　隆興寺佛
香閣及東配殿慈氏
閣（蕭默／攝）

　　前部摩尼殿是北宋原建，是在方形殿身四面各出一座歇山面向外的抱廈。
方形殿身上覆重檐歇山頂。後部的佛香閣是全寺主殿，閣左右另有兩座小
閣，前方東西又有慈氏閣和轉輪藏閣兩座樓閣為配殿。眾多的樓閣如眾星
捧月，顯示出建築群的氣勢（圖 5-13）（圖 5-14）。

山西芮城永樂宮是元代著名道觀，有三進院落，在狹長的基地上前後順置宮門、無極門和三座大殿，一座比一座小，而且沒有圍廊和配殿，有意造成一種漸漸減弱的空間韻律，最終落入一片空寂。三殿內都繪有道教題材的壁畫，是元代繪畫精品。表現仙界的壁畫的宏偉構圖與飛動的線條，透出與室外的恬淡空寂截然不同的宏麗與紛繁，似乎這原本虛無的仙界倒是充實的，富有生氣的，而現實的人間卻是空寂的（圖5-15）（圖5-16）（圖5-17）。

明清留存的佛寺道觀更多，建於城市的多是敕建的官寺，採用傳統的中軸對稱方式佈置院落，嚴謹整飭。

官式佛寺以山西太原崇善寺最大，是明太祖第三子晉恭王為紀念其母建於明初（一三八一年），後被火燒，所剩無幾，但寺內存有一幅明

圖 5-15 山西芮城永樂宮平面圖（《中國古建築大系》）

圖 5-16 永樂宮無極殿（孫大章、傅熹年 ／攝）

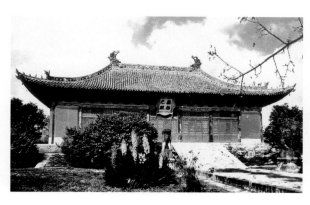

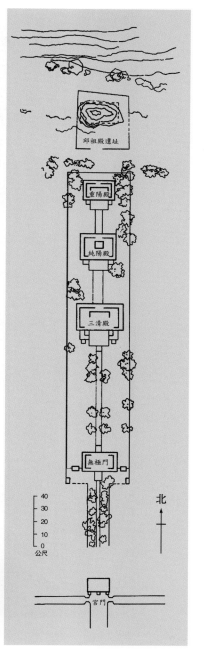

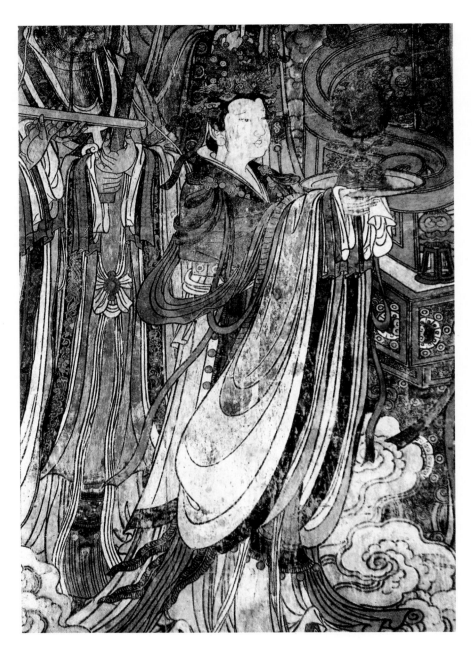

　　　　　　　　　　　　圖 5-17　無極殿壁畫道教神仙（羅哲文／攝）

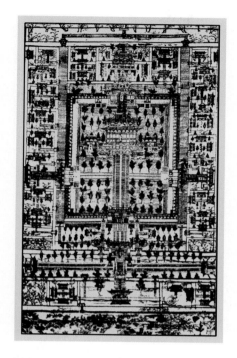

圖5-18　明成化八年（1472年）崇善寺全圖（傅熹年／摹）

成化八年（一四七二年）的總圖，詳盡準確地表現了當時寺院的面貌，反映了大型規整式佈局佛寺的典型風格，是不可多得的寶貴資料。

全寺面積相當於紫禁城的四分之一或曲阜孔廟的兩倍。山門前有東西向橫路，左右有門通向城市。路南正對山門是一屬於寺院的橫院，為寺的前方對景。這種處理方式始見於宋金汾陰后土祠，瀋陽宮殿也是這樣，以後在佛寺祠廟及衙署中也常可見到，避免了山門直接面臨城市，加強了總入口的氣勢。

山門內分左中右三路而以最寬的中路為主，左右二路各有九座小院，具體組合非常規則整齊。與敦煌壁畫唐代大寺、宋刻唐・道宣《戒壇圖經》插圖、汾陰后土祠金刻廟貌圖碑、登封中嶽廟金刻圖碑，以及明紫禁城、曲阜孔廟等例比較，可以看出它們的共同規律（圖5-18）。

明清其他城市寺廟的典型佈局也多分左中右三路，以中路為主。中路沿中軸線佈置山門、金剛殿（殿前左右有鐘樓和鼓樓）、天王殿為引導，後有其他殿堂包括大雄寶殿及左右配殿為延續，最後以高而長的藏經樓結束。這種組合方式，已與唐宋大寺不同。左右二路的佈局則稍微自由。在全部構圖中，作為引導和圍合的各建築的體量都較小，大雄寶殿最大，突現為全寺高潮。藏經樓作為全寺的結束，雖較高而長，但體量和氣勢並沒有超過大雄寶

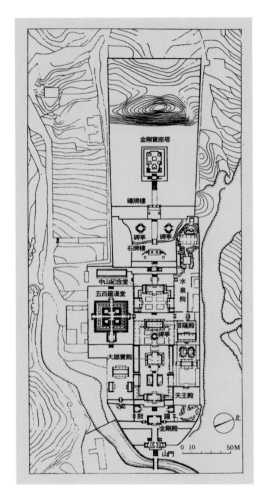

圖 5-19　碧雲寺總平面圖（《中國美術全集·建築藝術編》）

殿，形象也比較簡單，未奪去高潮的氣勢。全寺主體突出，建築富於韻律變化，形成有機組合。這種佛寺，可以創建於元、擴建於明的北京碧雲寺爲代表。不過碧雲寺的藏經樓已改爲中山紀念堂，其後則擴出了一座金剛寶座塔（圖 5-19）。

中國佛、道兩教雖有不同，但都同樣追求一種超脫出塵的境界。佛教的主旨是勸人出世，脫離紅塵，拔除苦海，入於一種無礙無執內心清淨的世界，以祈求來世福報或轉生佛國。它一方面向人們講述人間和地獄的種種苦難，另一方面則渲染淨土的種種安樂和寧靜。道教也宣傳清淨無爲，超凡入聖，「致虛極，守靜篤，清淨爲天下正」，終究以清心寡欲、不食人間煙火爲最高追求。中國人又特別崇尚自然、親近自然，這在佛、道思想中也都有體現。道家就崇信「人法地，地法天，天法道，道法自然」。這種哲學對於宗教建築的風格有著深刻影響，即使在城市，那種平和、沖融、寧靜和虔誠的氣氛，也是寺觀藝術風格的主流，而絕無西方教堂那種務在震撼人心的種種激情和迷狂。

▌山林寺觀

　　山林寺觀密切結合所在環境的自然景色和起伏的地形靈活佈置。山西五台山、四川峨眉山、浙江普陀山和安徽九華山是有名的四大佛山，傳說分別是文殊、普賢、觀音和地藏王的道場。四川青城山、江西龍虎山、湖北武當山、安徽齊雲山（原名白嶽山）以及泰、衡、華、恒、嵩等五嶽，都是有名的道山。也有許多山既有佛寺也有道觀。所以中國才有「名山僧佔多」和「無山不僧道」的說法。琳宮梵刹，煙寺相望，晨鐘暮鼓，點映崖谷，在大地上織成了一幅幅靜美雅麗的畫面，藝術風格更近於秀美淡素，與城市寺觀的宏麗莊嚴形成互補。它們都具有一種可貴的淳樸天眞的品格，常爲敕建大寺所不備，雖較爲樸拙簡小，其美學價值往往更值得重視。

　　中國傳統建築，不但盡意於一所院落、一座殿堂，乃至一樑一柱、一花一石的微觀經營，同時也俯瞰萬物，品察群生，精心於更大範圍的宏觀規劃，使人工的建築與大自然緊密融合，形成一個著眼於全部相關區域——一座山、一座城、一條峽谷或一個小島宏觀的有機的大環境。所以，在山林勝境中建造寺觀，並不只是把它作爲此寺此觀的僧眾道徒靜修之所，

115

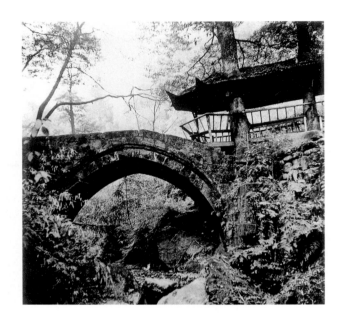

圖 5-20　四川青城山小橋、
路亭（白佐民／攝）

作爲一個個孤立的、靜止的對象來看待，而是放眼全山，把山中所有寺觀
都當成是縱遊全山的動態過程中的一些有機的環節，構成一條系列，互相
照應，有抑揚、有起伏、有鋪墊、有高潮、有收束，從而使看起來似乎散
漫無狀的各「點」串成嚴密的整體。這是中國建築的優秀傳統之一，是中
國人尊崇自然並特別擅長以辯證的觀念來駕馭全局這一卓越智慧的生動表
現。所以，欣賞中國建築不能僅注目於建築本身，往往更應重視的是建築
與環境的關係。

　　在道教名山四川青城山和其他佛道名山的建築中，都可以發現許多這
樣秀美淡素、淳樸天眞、樸拙簡小、建築格局與大自然融爲一體的藝術特
性（圖 5-20）（圖 5-21）。

　　四川峨眉山清音閣建築群位於兩條山溪的交匯處，背負巨山，前臨山

谷，左右隔小溪是逶迤的山嶺。由後至前，自高而低建造了大雄寶殿、雙飛亭和牛心亭。牛心亭俯臨二溪交會點。雙飛亭位於幾條山道的交點處，東、西和北都通向別的大寺。下俯牛心亭，上仰大雄寶殿，增加了全組建築的縱深層次。亭很大，兩層，上下完全開敞，是休息的好地方，仿佛是在告訴人們，這裡有值得流連的景色，不必匆匆而過（圖 5-22）（圖 5-23）。

安徽齊雲山太素宮為山上諸觀之首，選址極好。宮後以玉屏峰為

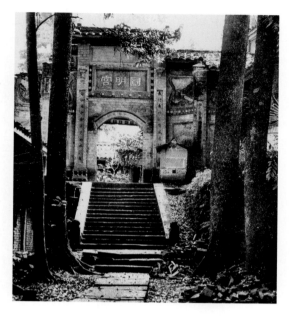

圖 5-21　青城山圓明宮二宮門（《四川古建築》）

圖 5-22　峨眉山清音閣總平面及剖面圖（《建築史論文集》）

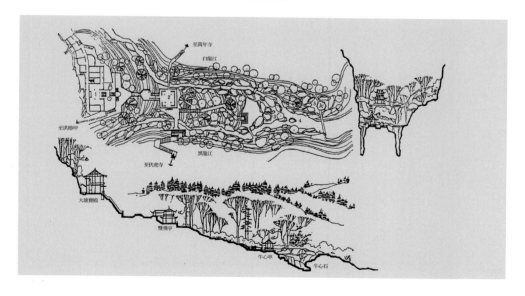

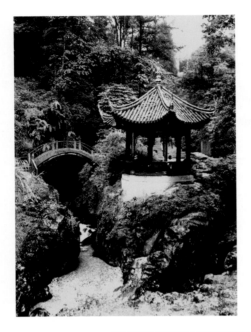

屏，左右鐘峰、鼓峰作伴，宮前隔深壑面對香爐峰，峰頂有亭，是太素宮的對景。越過香爐峰極目遠望，則可遙見黃山三十六峰，其天都、蓮花諸峰皆歷歷可指。有時一片煙雨飄過，其霏霏淒迷之象，尤為動人（圖5-24）。

安徽九華山百歲宮立在一座孤崖峰頂，全寺依形就勢，自然

圖5-23　峨眉山清音閣牛心亭（樓慶西／攝）

圖5-24　安徽齊雲山太素宮（《齊雲山志》）

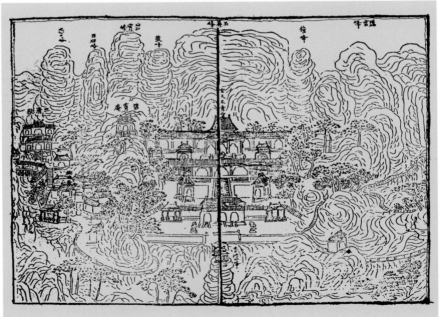

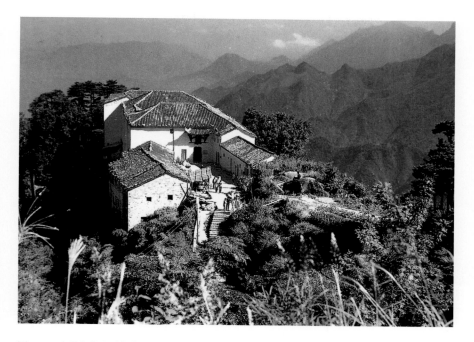

圖 5-25　安徽九華山百歲宮（姜錫祥／攝）

天成，表現了匠師們極高的空間處理能力和藝術感覺。在緊張的用地情況下，仍安置了佛殿、禪堂等佛寺通常必有的所有可達百間的房屋，組成兩座天井院，在寺前還留出了寶貴的三合院，向外敞開，使全寺不顯閉塞擁擠。不強行平整山頭，寺前三合院的牆壁就壓在石頭上面，大殿內也露出石頂，三尊佛像就坐落在渾圓的巨石上（圖 5-25）。

　　山西渾源懸空寺因「懸掛」在恒山峽谷的一座向西的巨大懸崖上得名，附崖有三十多座樓閣殿堂，連以棧道，高懸在半空，驚險奇絕。各建築有意採用縮小了的尺度，但總體輪廓豐富，是以其小巧詭奇與崖壁形成強烈的反差而取勝。若一味追求宏大，在高達百餘公尺的巨崖對比之下，必然勞而無功（圖 5-26）。

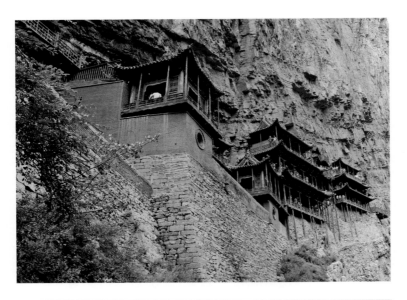

圖 5-26 山西渾源懸
空寺（張曉莉／攝）

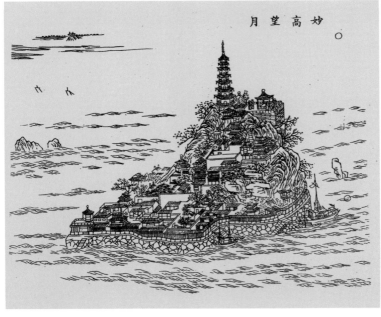

圖 5-27 江蘇鎮江金
山寺（清代版畫）

　　江蘇鎮江西北長江南岸的金山寺又稱江天寺，以建築與山形輪廓錯落取勝，更以山嶺一塔，高聳江天之間，幾十里外就可望見，極富特色。

　　金山不大，也不高，但甚陡峻。山體南北長，寺坐東向西，在山的西麓展開，幾乎將西側山崖全部佔滿，故有「金山寺包山」之說。由西邊過牌坊經山門入寺，台地上是近年重建的大殿，再上幾重平台，也有殿堂錯落佈置，直抵崖腳。沿山脊線由北而南都有亭堂樓閣，取自由式佈局，輪廓起伏。北端聳起金山塔，重建於清末，塔剎入雲，翼角高標，是江南婉麗秀美的風格。塔在山勢稍低下處，與山脊南部的高起及其上的樓亭，取得不對稱均衡，構圖完美。金山在長江南岸，將塔置於北側，使從遼闊的江面很遠就可得見；登臨塔上，亦可盡得江山之美，顯然是考慮了大環境的成功設計（圖 5-27）。

　　通過以上有限的幾例，我們已可體會到主要建造在山林勝境中的民間寺觀的一些建築特點，總的來說，可歸結為天人相宜、空間多變與民居格調、地方風格兩點。

　　天人合一，順應自然。中國人早就認識到人和自然是不可分的，人本身就是自然的一部分，而秉持著一種「天人合一」的觀念，把自然的運行規律當作是人間運行規律的參照。中國人把自然看成是慈母，永遠懷著一份親切的感情和順應的態度，特別重視人與自然的融洽相親。中國建築也從不強調在自然面前過於突出自己，造成與自然的對立，而只是作為自然的補充。西方人卻似乎把自然看成是嚴父，天生的逆反心理使得他們總是要與自然對抗，不是滲透調和，而更重於對比甚至征服。這一點，在陵墓、山林寺觀以及塔的選址和園林中，都表現得十分明顯。

▌ 佛塔

天無極，地無垠，在廣漠無盡的大自然中，人們並不滿足於自身的有限，而要求與天地交流，從中獲得一種精神昇華的體驗。所以中國這類建築和歐洲的尖塔在精神風貌上有明顯不同：後者用磚石砌造，並不能登臨，樓外沒有走廊，強調垂直向上的尖瘦體形，似乎對大地不屑一顧，透露了人與自然的隔膜。中國的景觀樓閣和許多塔尤其木塔則相當開敞，可以登臨眺望，環繞各層在樓或塔外圍繞走廊；水平方向的層層屋簷、環繞各層的走廊和欄杆，大大減弱了總體豎高體形一味向上升騰的動勢，而時時回顧大地。它們優美地鑲嵌在大自然中，仿佛自己也成了天地的一部分，寄寓了人對自然的無限留戀。從各種樓名如望海樓、見山樓、看雲樓、得月樓、煙雨樓、清風樓、吸江閣、凌雲閣、迎旭閣、夕照閣等，也可見出這層意思。

中國還有一種與樓閣相似、體形比樓閣更為高聳，稱為「塔」的佛教紀念性或標誌性建築。它的原型及宗教含義是從印度傳入的，經過與中國樓閣的融合創造出一種新的建築類型。塔的功能限制不大，創作比較自由，

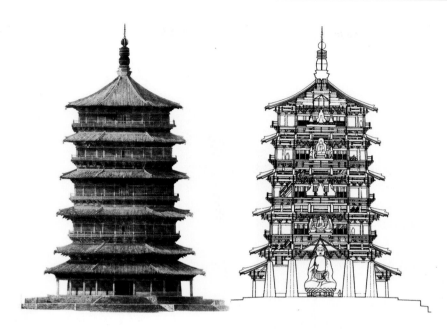

圖 5-28　應縣木塔（《中國古代建築史》、《人類文明史圖鑒》）

結構也很多樣，是匠師們自由馳騁才思的地方。

　　塔的形象很多，主要有樓閣式、密檐式兩種。前者有木結構也有磚石結構，或磚木混合結構，後者都是磚石結構。

　　山西應縣佛宮寺釋迦塔是現存唯一一座木結構樓閣式塔，八角，外觀五層，底層又擴出一周外廊，也有屋簷，所以共有六重屋檐。上面四層每層之下都有一個暗層，按結構實為九層。圍繞各層塔身都圍著一圈露廊。全塔上小下大，底層更加擴大並採用重檐，加強了全塔的穩定感。塔高六十七公尺，是世界現存最高的木結構建築。全塔共有六層屋檐、四層露廊，加上兩層台基，共有十二條水平線條，與大地呼應相儷。釋迦塔敦厚渾樸，偉然挺立在華北大地上，是中華民族偉大的民族精神的藝術體現，也反映了華北的地域性格，具有永恆的審美價值（圖 5-28）。

123

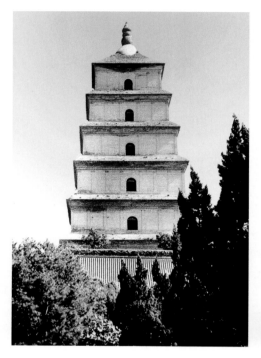

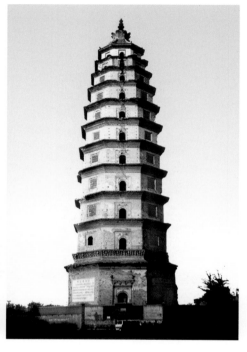

圖 5-29　西安慈恩寺大雁塔（熊黎／攝）　　　　圖 5-30　河北定縣開元寺塔（羅哲文／攝）

　　磚石結構的樓閣式塔有兩種方式：一種比較簡潔，只是大體模仿木結構，如唐長安慈恩寺塔（大雁塔，唐，六五二年）、河北定縣開元寺塔（北宋，一○五五年）；一種相當精細地模仿木塔，如泉州開元寺雙石塔（南宋，一二二八年和一二三八年），因過於形似木塔，往往失去磚石建築本身應有的比例權衡。

　　慈恩寺塔是磚砌仿木結構的樓閣式塔，相當簡潔（圖 5-29）。

　　河北定縣開元寺塔也是磚砌樓閣式，高達八十四公尺，是中國最高的古塔。簡潔無華，比例勻稱，偉岸如戰士（圖 5-30）。

　　還有一種樓閣式塔為磚木混合結構，即磚身木檐。一方面有利於塔的

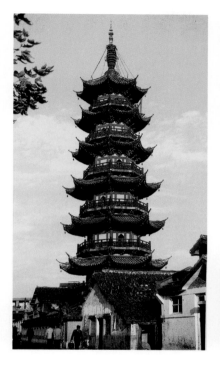

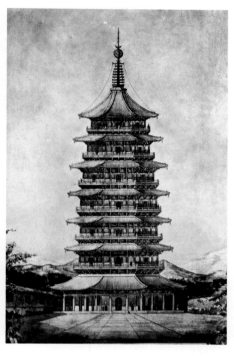

圖 5-31　上海龍華塔（蕭默／攝）　　圖 5-32　六和塔彩色復原圖（《中國營造學社匯刊》）

長存，避免塔被完全燒毀，同時也可保持飛檐外挑輪廓。這種塔多見於五代和宋代的江南，如上海龍華塔、杭州六和塔（原狀）、上海松江興聖教寺塔、蘇州報恩寺塔（北寺塔）、蘇州羅漢院雙塔等，都是江南風格的代表，清麗玲瓏，秀美可愛。它們大多就是磚身木簷樓閣式塔，以龍華塔最為優美。杭州六和塔的原狀也是非常優秀的設計，可惜經清末的重建，形式已完全改變了（圖 5-31）（圖 5-32）。

　　密檐塔與樓閣塔的最大區別是檐下沒有塔身，層層密檐相接，著名實例如河南登封嵩嶽寺塔（北魏，五二三年）、西安薦福寺塔（又名小雁塔，唐，七〇七年）、河南登封法王寺塔（唐，約八世紀）、雲南大理崇聖寺

125

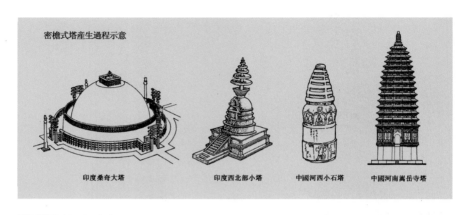

密檐式塔產生過程示意

印度桑奇大塔　　　　印度西北部小塔　　　中國河西小石塔　　中國河南嵩岳寺塔

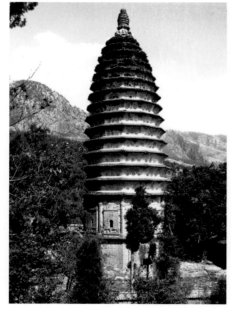

圖 5-33　從印度 stupa 到中國密檐塔──嵩嶽
　　　　寺塔（蕭默／繪）

圖 5-34　河南登封嵩嶽寺塔（羅哲文／攝）

千尋塔（南詔，約九世紀）。

嵩嶽寺塔（北魏，五二三年）
是中國現存最早的磚塔，也是最
早的密檐式。平面十二角，近似
圓形，在底層塔身上有十五層檐
層層密接。各檐檐端連成一條拋
物線型外輪廓，飽滿韌健，似乎
塔內蘊藏著一種勃勃生機。密檐
塔實際也是中國的樓閣與印度塔
的原型傳至印度西北部，十六國時再傳至河西，最後傳到中原，經過幾度
演變後的結果，以層層屋檐大大強調了印度塔的傘蓋。通過這個例子，我
們可以知道，中國自古以來就不排斥外來文化，而是把它作為一種營養，
結合自己的需要和自己的文化傳統，加以吸收（圖 5-33）（圖 5-34）。

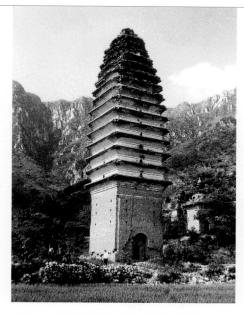

圖 5-35　河南登封法王寺塔（羅哲文／攝）

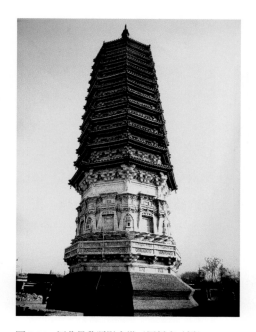

圖 5-36　河北昌黎源影寺塔（羅哲文／攝）

　　薦福寺塔、登封法王寺塔、崇聖寺千尋塔是唐代此類塔的優秀代表。平面都是方形，是密檐塔進一步民族化的表現。輪廓仍然曲柔有度，中部微凸，上部收分緩和，整體如梭，檐端連成極爲柔和的弧線。其中以法王寺塔的造型比例最好，既不過於瘦高，又不失峭拔的風度（圖 5-35）。

　　五代至宋遼金密檐塔主要盛行在北方，通常都是平面八角，磚砌實心，基座特別繁複，首層塔身特高，上部密檐層層相接。高大的基座、高峻而勁挺的第一層塔身、上部密接的層層橫線和敦厚的塔刹，以及整體凝重雄偉的體態，都顯示了中國北方人勇健豪放的氣質，而與江南水鄉的溫婉秀麗大不相同。這些塔又不免受到時代風尙趨於細膩的薰染，比起唐代密檐塔來，細部十分繁複細密。總之，豪健與細密兩種風格的融合，是這類佛塔的特點。河北昌黎源影寺塔、北京天寧寺塔、北京昌平銀山塔林，

127

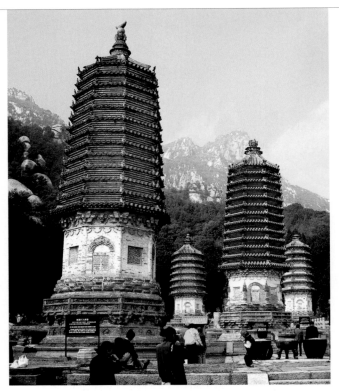

圖 5-37 北京昌平銀
山塔林（蕭默／攝）

（下左）圖 5-38 甘
肅永靖炳靈寺石窟
唐代第三窟中心塔
（《永靖炳靈寺》）

（下右）圖 5-39 敦
煌宋代華塔（羅哲
文／攝）

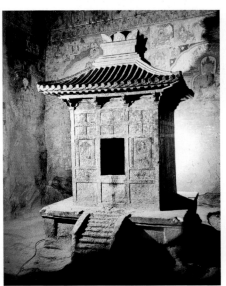

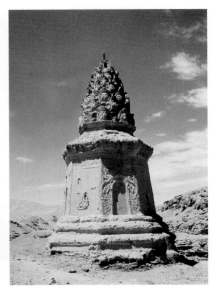

是這類塔的典型代表（圖
5-36）（圖 5-37）。

此外，唐宋還有亭式
塔、華塔、覆缽式與樓閣
式結合的塔形。亭式塔多
作爲高僧墓塔，華塔是佛
教「蓮華藏世界」的象徵
（圖 5-38）（圖 5-39）。

明清佛塔主要只有樓
閣式和密簷式，多數模仿
宋遼，有的全塔包砌琉
璃，工藝水準很高，如山
西洪洞縣廣勝上寺明代飛
虹塔（圖 5-40）。

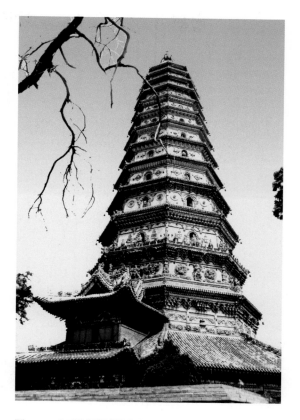

圖 5-40　山西洪洞縣廣勝上寺明代飛虹塔（蕭默／攝）

凝固的神韻

中國建築

6

群星燦爛
——少數民族建築

█ 藏傳佛教建築

西藏高原素有世界屋脊之稱，氣溫寒涼，降雨較少，自然條件比較嚴酷。森林不多，而石材特別豐富。

西元七世紀，西藏出現了吐蕃王國，佛教也從印度和中原兩個方面傳入。吐蕃王松贊干布的兩個妻子唐文成公主（西元六四一年入藏）和尼泊爾尺尊公主都崇尚佛教，對佛教的傳入起到了推動作用。由文成公主親自組織，在邏些（今拉薩）建造了西藏第一座佛教建築惹刹祖拉康，當時是一座佛堂，就是今大昭寺的前身。七六二年，吐蕃王赤松德贊在扎囊建造西藏第一個正式寺廟桑耶寺，七七九年建成後首次剃度七名藏族青年出家。

佛教傳入以前，西藏原已有一種原始宗教本教，以後融入佛教，加上帶有後期印度教因素的印度佛教密宗的強烈影響，使發展成熟的西藏佛教帶有極強的神秘色彩，與漢地佛教明顯有別，特稱藏傳佛教，俗稱喇嘛教，廟宇則稱喇嘛廟，佛塔稱喇嘛塔。

一二四七年，薩迦派教主薩迦班智達會見蒙古汗國宗王闊瑞，建立了施供關係。薩迦派政教合一，治理藏土，結束了西藏長期分裂割據狀態，

重新走向統一。西藏也歸入中國版圖，喇嘛教傳入蒙古地區。十五世紀初（明初），宗喀巴在西藏實行宗教改革，創立格魯派（黃教），以後成了西藏最大的勢力，實行政教合一，建造了包括日喀則扎什倫布寺、拉薩三大寺、青海塔爾寺和甘肅夏河拉卜楞寺的黃教六大寺，都是藏傳佛教的大型寺廟，每寺僧眾都達兩、三千人。

明清兩代，皇帝為團結藏族和蒙古族，主要在北京和華北地區也建造過一些喇嘛廟和喇嘛塔。

藏傳佛教寺廟可分為藏式、藏漢混合式和漢式三種。越接近西藏藏式越多，內蒙古則以藏式為主的藏漢混合式居多，華北地區大都是以漢式為主的藏漢混合式或漢式。

藏式是喇嘛廟的主流。拉薩大昭寺（初建於唐，七世紀）、扎囊桑耶寺（唐，七七九年）可作為建於平地的寺廟代表，佈局對稱；日喀則扎什倫布寺（明，一四四七年）和甘肅夏河拉卜楞寺（清，一七〇九年）可作為山麓地帶喇嘛廟的代表，佈局自由。

大昭寺從一座佛堂經歷代擴建才成為寺廟。寺門朝西，經過門殿，隔著一座廊院，是主殿覺康大殿。大殿平面正方，周圍四層，隔成一間間小佛堂，中軸線上一座佛堂供奉著文成公主帶來的釋迦牟尼大像。大殿中央是一個高通兩層的大空間，平頂，中央再次高起，高起處形成高側窗。第四層四面正中各有鎏金銅屋頂，仿自漢族建築，四角各有一座平頂角樓。大殿的金頂非常富有特色，先沿著大殿整個方形外牆牆頭列短簷一周，把全殿統束起來。短簷在四座金頂殿處外伸，上即金頂殿，使得每個金頂仿佛都是重簷，加上角樓的陪襯，形象豐富而華麗。圍繞覺康大殿，左、右、後三面有回行道，裡面安裝許多轉經筒，信徒在回行禮拜時轉動它們，象徵念經。在以上主要建築的周邊還有一些附屬建築，多為平頂，圍成小院。寺正門外有一座小圍院，好似全寺的照壁，內有傳為文成公主手植的公主

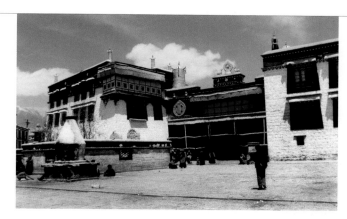

圖 6-1　拉薩大昭寺正門（蕭默／攝）

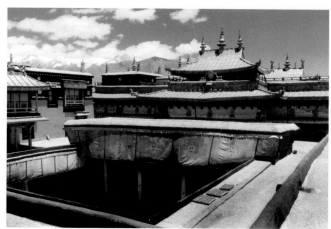

圖 6-2　大昭寺覺康大殿（蕭默／攝）

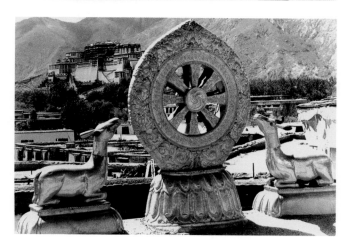

圖 6-3　大昭寺門殿屋頂上的法輪與雙鹿（《藏傳佛教藝術》）

133

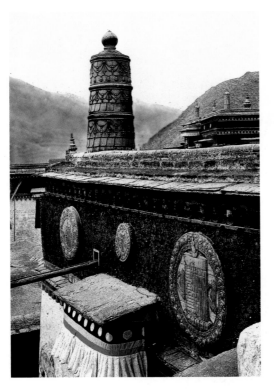

圖 6-4　邊瑪牆鎏金飾（蕭默／攝）

柳、唐蕃會盟碑和勸人種痘碑（圖 6-1）（圖 6-2）（圖 6-3）。

大昭寺整體平面大進大退，立面參差起伏，加上突出平頂的各式金色裝飾，成功創造了一個豐富多變的形象。八角街圍繞大昭寺，每天都有信眾沿著它右旋回行，表示對佛的崇敬。

在大昭寺各建築的牆頭都圍著交圈的「邊瑪牆」。「邊瑪」就是檉柳（亦名紅柳）。邊瑪牆的作法是將檉柳小枝紮成一手可握的小捆，鍘齊，浸入紅土漿，再以切面向外層層疊在牆頭，以直木棍插接在牆內，檉柳以內的牆體仍是石砌。邊瑪牆都飾在建築女兒牆處或高大建築最高一兩層，周圈成箍，外觀是一條暗棕色帶，有毛茸茸的質感，上面往往貼有金飾。邊瑪牆是西藏高級建築一種廣泛使用特殊的牆面裝飾方法，象徵尊貴和權力，用於宮殿和寺院內的經堂、佛殿，禁止使用於僧房，更不可使用於民間（圖 6-4）。

桑耶寺首次度僧出家，可以說是西藏第一座佛寺。全寺是在一圈圓形圍牆的中央有一座方院，內建多層的烏策大殿。大殿第三層五座亭子都是漢式，寓意宇宙的中心須彌山和圍繞主峰的四座小峰。大殿左、右各有一

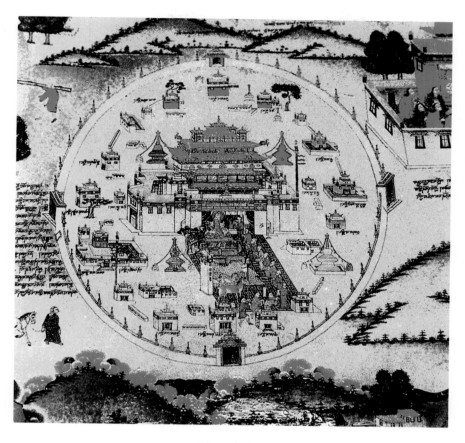

圖 6-5　布達拉宮壁畫扎囊桑耶寺（《藏傳佛教藝術》）

小建築，稱日殿、月殿，象徵日月繞山。四角有白、紅、黑、藍四塔，象
徵居住在山腰的四大天王。其他小建築則象徵四大部洲、八小部洲，總體
組合稱爲「曼荼羅」，象徵佛教的宇宙模式（圖 6-5）。

　　扎什倫布寺和拉卜楞寺都屬黃教六大寺，是建在山麓地帶的大型喇嘛
寺。在扎什倫布寺內，有四世班禪的靈塔殿「曲康夏」；五世至九世班禪
大師合葬靈塔殿「扎什南捷」；爲瘞藏十世班禪的遺體，近年興建了靈塔

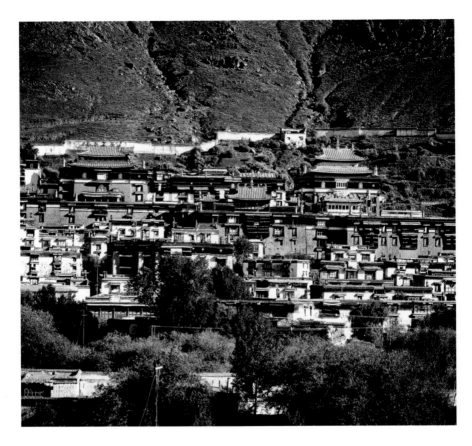

圖 6-6 日喀則扎什
倫布寺（資料光碟）

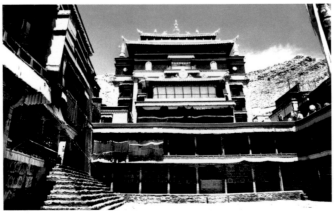

圖 6-7 扎什倫布寺班
禪靈塔殿內院（羅哲
文／攝）

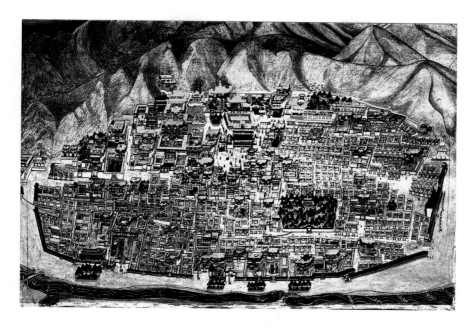

圖 6-8　甘肅夏河拉卜楞寺全景圖（蕭默／攝）

殿「釋頌南捷」（圖 6-6）（圖 6-7）。

　　拉卜楞寺沿北山山麓布列，中部靠近山腳建造高大的建築如經堂、佛殿和活佛府邸。一般僧人居住的小院佔地面積最大，從東、南、西三面簇擁著它們。最外有一條長達五百餘間的轉經廊，像一條彩帶，將全寺從三面束圍起來。全寺街巷棋布，好像一座小城，是在幾十年中逐漸生長出來的。總體採用自由式布局，不求規則對稱，沒有軸線，但仍有一定之規。

　　全寺有六座經堂，各經堂從前到後依次為大門、前庭、帶有門廊的平頂經堂和緊依經堂高聳的後殿。經堂內部中央部分高起，利用屋頂高差設高側窗採光，空間幽暗、低壓而深廣，牆面滿繪壁畫，地面、柱子、平頂下都覆蓋織物，到處垂掛畫著佛像的卷軸畫和經幡，氣氛沉重而神秘。後殿隔成多室，分供佛像、歷代活佛的靈塔和形象猙獰的護法神像，深度不

137

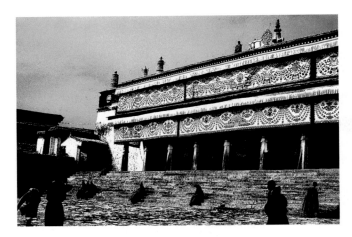

圖 6-9　拉卜楞寺聞思
學院大經堂正面（蕭
默／攝）

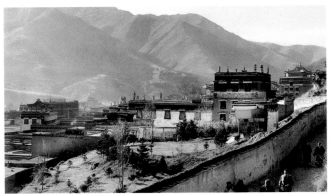

圖 6-10　拉卜楞寺續
部上學院東側面，其
左為聞思學院門殿，
右為彌勒佛殿（張青
山／攝）

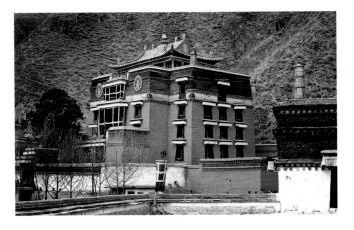

圖 6-11　拉卜楞寺彌
勒佛殿（蕭默／攝）

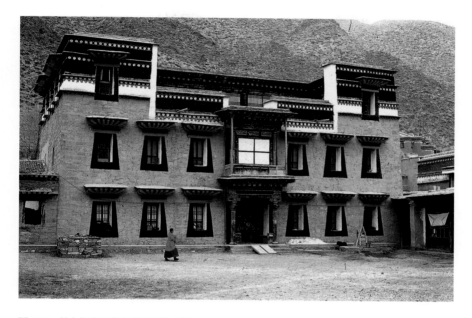

圖 6-12　拉卜楞寺活佛府邸（蕭默／攝）

大而很高，氣氛更爲神秘甚至恐怖。外部造型前低後高，很有動勢（圖 6-8）
（圖 6-9）（圖 6-10）（圖 6-11）（圖 6-12）。

　　西藏的「宗」相當於內地的縣。宗的政權中心多擁山而築，居高臨下，
聳然挺立而爲城堡，就是「宗山」。西藏最偉大的建築拉薩布達拉宮（始建
於清初，一六四五年）既是地位最高的「宗山」，也是藏傳佛教的聖殿。

　　布達拉宮建造在布達山上，是一座壯麗非凡的城堡，其氣勢在中國古
代是絕無僅有的孤例。最高處外觀十三層，高達一百一十七公尺，連山坡
共高一百七十八公尺，東西長達三百六十餘公尺，宮內有大小房間兩千多
個，總建築面積達十萬平方公尺。宮的中部外牆紅色，稱紅宮，內有供奉
歷代達賴靈塔的靈塔殿和佛堂。在紅宮東西連接東、西白宮，東白宮主要
是達賴寢宮，西白宮是僧人住處。紅宮下部前伸爲台，也是白色，把東、

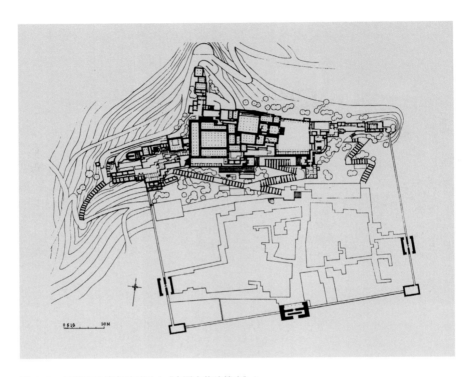

圖 6-13　拉薩布達拉宮平面圖（《中國古代建築史》）

西白宮連接起來，裡面是各種倉庫。紅宮正中有一條上下通貫的凹陽台帶，平頂上聳出許多鎏金銅瓦頂小殿，豐富了全宮構圖，自然成了統率全局的構圖中心。全宮上端橫著暗棕色邊瑪牆帶，使建築輪廓更加鮮明，與紅宮取得色彩上的呼應。紅宮的邊瑪牆帶下有一條白色牆帶，與白宮的牆面也取得呼應。建築與山形有很好的默契，前沿中部隨著山勢稍稍凹進，建築最高處偏西。外牆全用石塊砌築，各層平頂層層退進，小台對大台起著扶持作用，顯得自然而穩定。這些，都與自然山石的構成機理相近。建築基腳和山坡沒有明顯的分界，人工和自然和諧呼應。

在下部石牆上加用了兩排假窗，下有二十多公尺高的壁面，誇張了建築

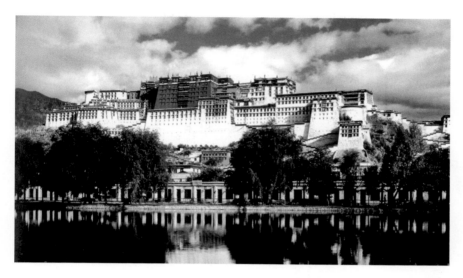

圖 6-14　布達拉宮全景（《世界不朽建築大圖典》）

圖 6-15　布達拉宮登上紅宮的大台階（姜懷英／攝）

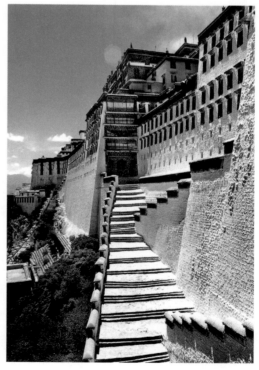

的高度。暗棕色牆帶上有許多鎏金銅板，牆頂的經幢、金寶瓶、金蓮花伸入天空，與鎏金屋頂一起，在藍天、白雲雪山的襯托下，燦然閃爍著迷人的光彩。自下而上，處理由粗而精，由簡入繁，由壯實而華麗，由單調而豐富，色彩則素淨而華彩，自然將人的視線引向高處，越發顯得建築巍峨高大。

141

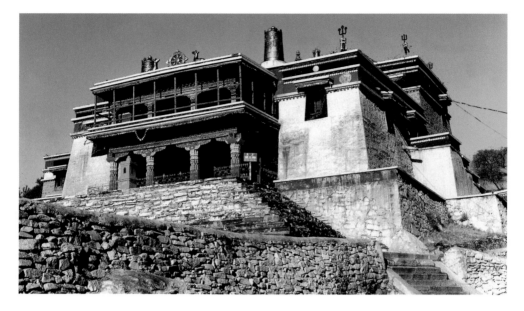

圖 6-16　包頭市五當召後部高處的時輪學院經堂（張青山／攝）

　　布達拉宮雄偉、輝煌、壯麗、粗獷、震撼人心，有強烈的藝術感染力，是可以誇耀於世界的建築藝術珍品（圖 6-13）（圖 6-14）（圖 6-15）。

　　蒙古地區也有藏式的喇嘛廟（圖 6-16），但以藏漢混合式為主，多建在平地，取中軸對稱的院落組合方式，以經堂為全寺中心。經堂本身也是藏漢混合式，其他房屋多為漢式。這類喇嘛廟成就較高的可舉呼和浩特「席力圖召」為例。

　　席力圖召（始建於明末，十六世紀末，清一六八八年擴建）現存的大經堂平面佈局如同藏式，由門廊和經堂、後殿（現不存）組成，但屋頂是漢式坡頂。經堂平面正方，有六十四根柱子，堂前凸出多達七間的門廊，氣勢很大。屋頂由前至後以勾連搭方式串聯三座漢式歇山頂：門廊和經堂的前部兩間共一頂，為兩層樓，上層並成一殿；隔一間之後，經堂中部三

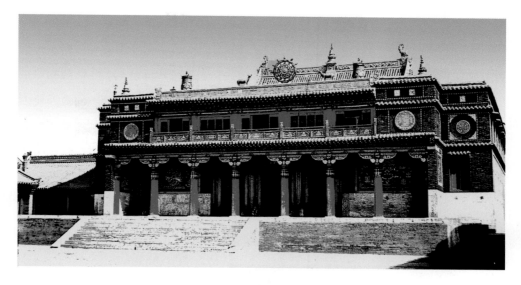

圖 6-17　呼和浩特席力圖召大經堂（孫大章、傅熹年／攝）

間的柱子高起，直通而上，承接一座高峻屋頂；再隔一間至經堂後部兩間
為三層樓，又是一座屋頂；三頂之間的部位為天溝，經堂的光線從中部屋
頂檐子和天溝之間的空隙射入（圖 6-17）。

　　立面造型主要是藏式，中央凸起金色法輪、雙鹿和經幢。門廊兩邊磚
砌實牆，分為三段，下簡上繁。立面下層門廊的柱子和雀替及廊頂裝飾也
是藏式。但在蒙古地區，凡藏漢混合式建築，外牆多用磚砌，不收分或收
分甚少，也不使用邊瑪牆，僅保存其意味。席力圖召也是這樣，總體呈漢
藏混合風格。

　　元代開始，內地已出現了少數藏傳佛教建築。明清兩代，尤其是盛清
時代，為了團結蒙、藏民族，由官方主持，在內地繼續建造。如盛清康、雍、
乾時期，從一七一三年開始歷經七十年，在北京、承德建造了許多規模宏
大的喇嘛廟，後者總稱為「外八廟」，其代表作如承德普寧寺（一七五五年）

143

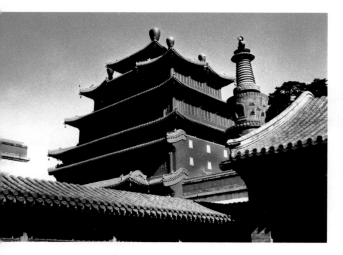

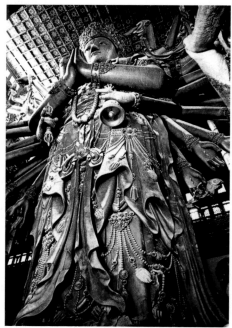

圖 6-18　承德普寧寺大乘閣側影（蕭默／攝）

圖 6-19　大乘閣千手觀音像（楊谷生、陳小力／攝）

和普陀宗乘之廟（一七七一年）。

這些喇嘛廟的風格與蒙古地區的藏漢混合式，在形成的原因和面貌上都有不同。前者多是因與漢族居住地相近而自然產生的結果，後者由官方主持建造，帶有很強的主觀性，必定具有較強的漢式官式建築作風。總的來說，是在漢式做法的基礎上建成的藏漢混合式建築。這種混合，採取了以下幾種手法，(1) 摻入喇嘛教意義，如普寧寺大乘閣本身是漢式，而體現了「曼荼羅」觀念；普陀宗乘之廟是對布達拉宮的意似等；(2) 借鑒西藏喇嘛廟總體佈局手法：重要建築位在高處，突出主體，整體輪廓大起大落；(3) 借鑒西藏寺廟單體佈局手法，如所謂「都綱法式」回字形平面及其變體的廣泛採用；(4) 建築細部基本上仍是漢式官式做法，但又參考了西藏習慣做法，如藏式梯形窗、台形建築中部上下貫通的陽台帶等，加以變通組合；(5) 佛像、壁畫、雕刻

圖 6-20　承德普樂寺全景（蕭默／攝）

圖 6-21　普樂寺旭光閣（蕭默／攝）

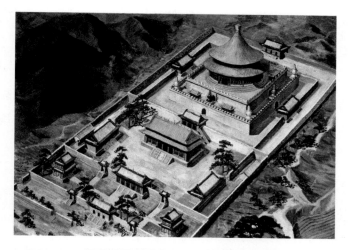

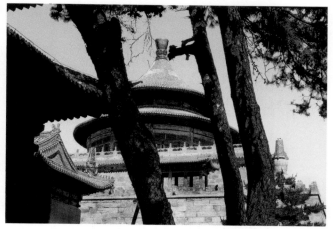

保留了西藏特點。

　　普寧寺坐北向南，分前後兩部，前部的佈局和建築單體與華北官式廟宇完全一樣；後部地勢陡然高起近十公尺，築爲台地，在台地上圍繞主體建築大乘閣。閣四層，內有巨大的千手千眼觀音立像，屋頂上建五亭，模仿桑耶寺烏策大殿。閣四周佈置了許多喇嘛塔和台墩，也仿自桑耶寺，象徵「曼荼羅」宇宙模式（圖6-18）（圖 6-19）。

　　普樂寺坐東向西。前部也全爲漢式，後部地勢陡然高起約十八公尺，圍成方院，院中方台上建圓形旭光閣（實爲大亭），內部圓壇上有木製立體「曼荼羅」，其上原有銅鑄「歡喜佛」，面東，即向後，正對寺後棒槌峰高達十餘公尺的天然巨石。壇上的藻井極其精美（圖 6-20）（圖 6-21）。

　　普陀宗乘之廟在避暑山莊正北，佔地達二十二公頃，是外八廟中規模

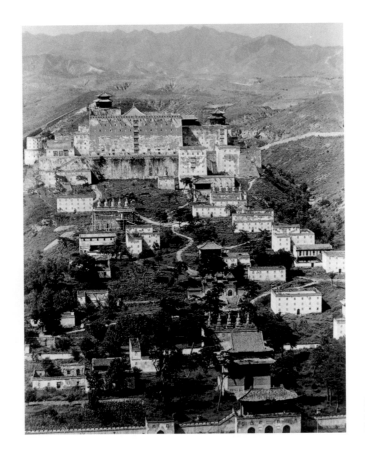

圖 6-22　承德普陀宗乘之廟全景（孫大章／攝）

最大者。「普陀」就是「布達」，其形制是拉薩布達拉宮的模仿，但加入了很多漢式手法。

　　地形前低後高，高差頗大，可分前、中、後三部。前部基本漢式；中部沿山坡散點佈置十餘座小的「白台」和喇嘛塔，類乎藏式的自由式；後部高處仿布達拉宮而建「大紅台」，是全廟主體，也分中部紅台和東西白台。紅台下面也有橫向白台，把東、西白台連接起來，明顯與布達拉宮相似。台頂露出幾座漢式屋頂。但這些「台」實際上是外繞平頂樓房的一個

個方院。紅台由三層樓圍成（外觀七層，下四層實為山體，外開假窗），內建方形萬法歸一殿，平面形如「回」字。局部處理多為漢式（圖 6-22）。

但普陀宗乘之廟的「大紅台」比起布達拉宮來氣魄遠遠不及，且意重模仿，雖加進漢意而創造性不足，勉強而不自然。尤其萬法歸一殿，竟深陷於三層高的樓屋緊緊包圍之中，坐井觀天。立面上的幾座漢式屋頂，從台前仰視，實際上往往並不可

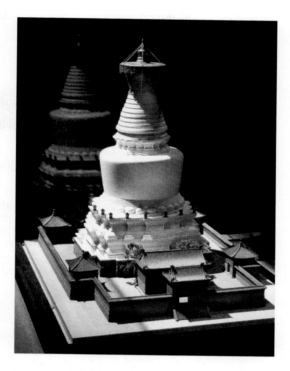

圖 6-23　北京妙應寺塔（模型）（首都博物館藏）

見。全寺各處眾多類似碉房的「白台」，如同佈景。看來，設計者並未深得藏式建築的真諦。

總觀以上二廟，在吸收藏族傳統建築文化的方式上，普寧寺更重在「意」，創造性較強，兩種建築文化的融合也較為自然，少斧鑿之痕。普陀宗乘之廟更偏於「形」，多有勉強之處，未至化境。

喇嘛塔與中原已流行將近兩千年的、以漢式樓閣為主要構圖要素的傳統佛塔有很大不同，豐富了中國佛塔的內容。大致有三種類型，即瓶式塔、金剛寶座塔和過街塔。

瓶式塔像一個水瓶，現存最早的瓶式塔是即元大都（今北京）妙應寺

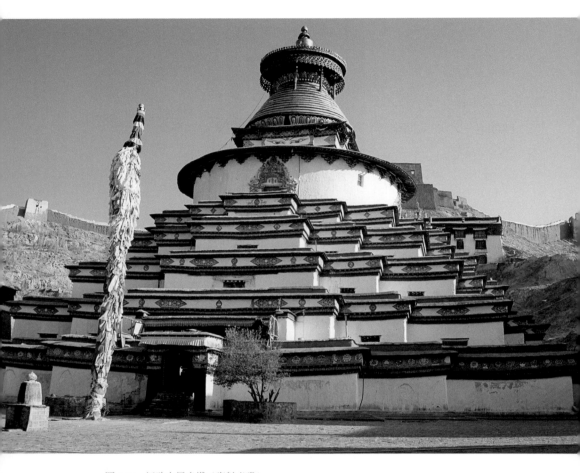

圖 6-24 　江孜白居寺塔（資料光碟）

塔（又稱白塔，元，一二七一年），由尼泊爾匠師阿尼哥設計。用石頭砌築，外表貼磚，塗刷白灰，光潔如玉。銅製塔頂鎏金，金白對比，氣氛崇高聖潔。全塔氣勢雄壯，是瓶式塔造型最傑出者（圖 6-23）。

　　西藏江孜白居寺塔建於明代，是西藏現存較早的喇嘛塔。基座特別寬大，分層，內爲小室，各奉佛像。塔身矮壯，塔頂的刹座上畫出一對佛眼，

很像尼泊爾的塔。最上有很
大的華蓋和寶頂（圖 6-24）。

　　金剛寶座塔是一種群塔
組合方式，由中央一座大
塔、四隅各一小塔共同坐落
在一座大台上組成，各塔或
是瓶式或是漢式，也是藏傳

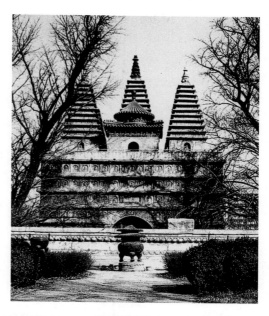

圖 6-25　北京真覺
寺塔（劉大可 /
攝）

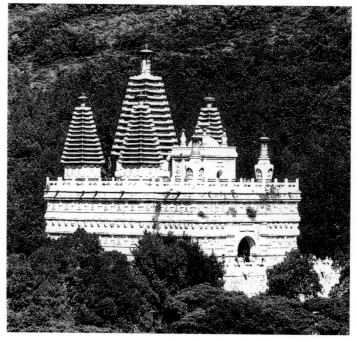

圖 6-26　北京碧雲
寺塔（羅哲文 /
攝）

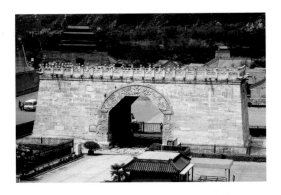

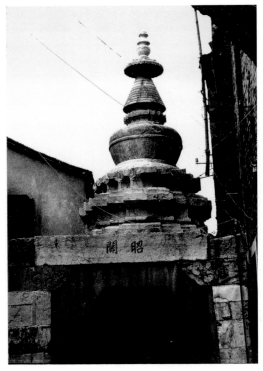

佛教有關宇宙觀的體現。現存比較重要的金剛寶座塔都不在西藏，而在北京和內蒙古等地，如北京眞覺寺塔、碧雲寺塔、西黃寺塔，內蒙古呼和浩特慈燈寺塔等。眞覺寺塔建於一四七三年，時屬明代，文獻記載是仿印度佛陀伽耶金剛寶座塔建成。後者現仍存，約建於十二世紀（圖 6-25）（圖 6-26）。

在通衢要道或寺廟入口等處建一高台，台下闢門洞，通人行，台上列建一座或多座喇嘛塔，就是過街塔，其宗教含義是「普令往來皆得頂戴」，而使人們「皈依佛乘，普受法施」。現存著名的如北京居庸關雲台（台上之塔已毀）和江蘇鎮江雲台山昭關塔，都建於元代（圖 6-27）（圖 6-28）。

圖 6-27　北京居庸關雲台（蕭默／攝）

圖 6-28　江蘇鎮江雲台山昭關塔（蕭默／攝）

▊ 維吾爾族伊斯蘭教建築

維吾爾族伊斯蘭建築屬世界伊斯蘭建築體系，受中亞和西亞的影響較大。

伊斯蘭教誕生時正當中國唐代初年，不久，從海路傳入中國。宋元時在東南沿海開始有了伊斯蘭建築，是由來自西亞、中亞一帶的商人建造的。

元初，不少信奉伊斯蘭教的中亞、西亞人被蒙古人征爲兵士，從陸路來華，伊斯蘭教再次傳入。這批人與原已在華的中亞、西亞人後裔融合，元明之交形成回族，分佈於全國，以西北較多，仍信仰伊斯蘭教。他們的禮拜寺稱清眞寺，但建築均已採用了漢式。

明時，伊斯蘭教在新疆維吾爾人中也得到普及。維吾爾伊斯蘭禮拜寺幾乎每村都有，城市更多，佈局自由，只要求禮拜殿必須坐西向東，信徒祈禱時朝向麥加。

自古以來，經過中國最西的一座大城喀什來往於中國和中亞的商人、香客和使節十分頻繁，是新疆最早接受伊斯蘭教的地方。城內艾提卡爾大寺（明，約創建於十五世紀前，現存面貌形成於十九世紀後半葉），是中

151

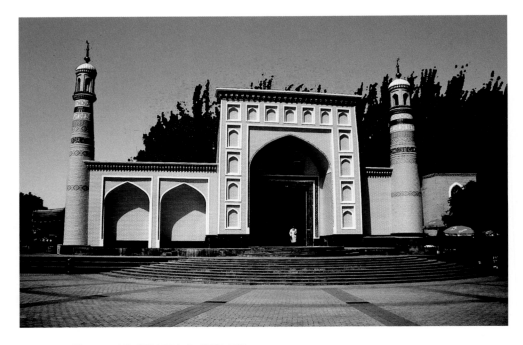

圖 6-29　喀什艾提卡爾大寺（蕭默／攝）

國最大的禮拜寺。全寺坐西面東，大門開在東南角。門牆高大，磚砌，正中是尖拱大龕，龕內開門。這種構圖稱「伊旺」式，在中亞和西亞、南亞禮拜寺中用得極多。門牆左右以院牆連接兩座宣禮塔，上有穹隆頂小亭。門左院牆很短，宣禮塔比較粗壯，右牆較長，塔較爲纖細，以門爲中心，取得了不對稱均衡構圖（圖 6-29）。

　　喀什郊外阿巴和加陵（清，十七世紀中葉以後）是中國最著名的一座伊斯蘭聖者陵墓，也是新疆最大的伊斯蘭建築群，由陵堂和多座禮拜寺組成。陵堂非常美麗，平面近方略呈橫長，四圍磚牆，四角砌出穹隆頂尖塔，正中在鼓座上聳起大穹隆頂，頂尖再加穹隆頂小亭。門牆在南面正中，呈豎高矩形，高聳在四牆以上並凸出於牆面以外，形象突出。大小不一的尖

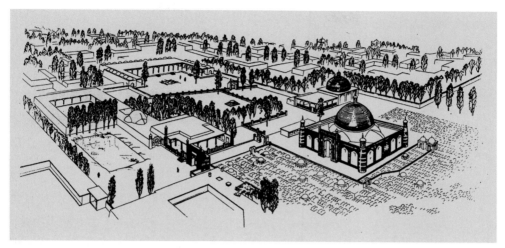

圖 6-30　喀什阿巴和加陵建
築群（《中國古代建築史》）

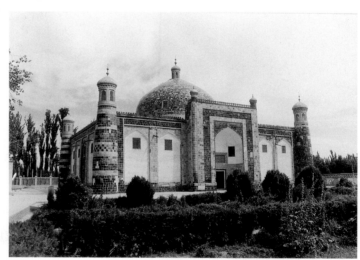

圖 6-31　阿巴和加陵陵堂
（羅哲文／攝）

拱和穹隆頂，烘托出中央大穹隆頂，全體達到高度統一和諧，造型穩定端
莊，比例勻稱，氣氛沉靜肅穆。建築外表面全都用深綠和淺藍的琉璃面磚
或瓷磚鑲貼（圖 6-30）（圖 6-31）。

　　吐魯番額敏寺（清，一七七八年）也是維吾爾族建築最著名的代表。

153

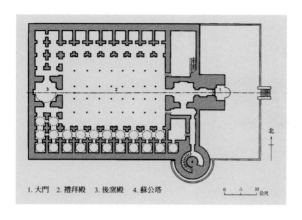

圖6-32　吐魯番額敏寺平面圖(《中國古建築大系》)

1.大門　2.禮拜殿　3.後窰殿　4.蘇公塔
0　5　10公尺
北

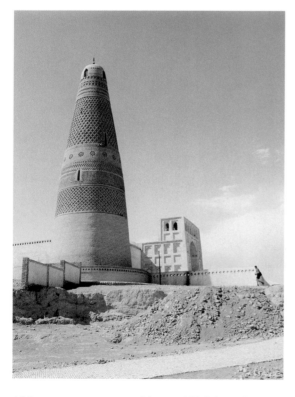

全寺坐西面東。最引人注目的是緊貼寺的東南角聳起的一座高大的磚塔，圓形，下大上小，磚砌，輪廓通體渾圓，全體一氣呵成，非常樸素。在簡樸的塔身表面，精細地砌著凹凸磚花，呈環狀分佈，圖案多達十餘種，簡練而自然。寺院正面立著高大門牆，也是在正中尖拱大龕周圍砌造小龕，與大塔一起，形成不對稱的美麗而生動的構圖。包括大塔和門牆、院牆，全寺都用同一種米黃色磚砌築，十分樸素莊重。與周圍的黃土地完全協調，達到了與環境的高度和諧（圖 6-32）（圖 6-33）。

玉素甫瑪扎在喀什南郊，從始建年代來說，有可能是新疆最早的伊斯蘭建築，現狀是十九世紀重修過的面貌。

瑪扎總平面是一個東西長的矩形，現狀大門向北，入門右（西）側原有禮拜殿和阿訇住宅，現已不存。與禮拜殿隔院相望，在東面建瑪扎。瑪扎左右以牆隔出小院。

　圖6-33　額敏寺東面（蕭默／攝）

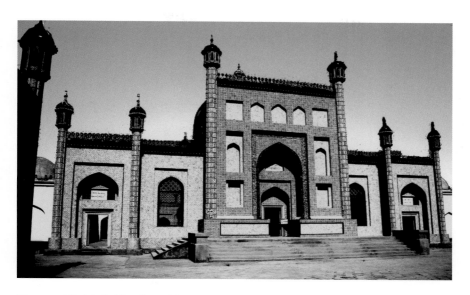

圖 6-34　喀什玉素甫瑪扎（蕭默／攝）

　　瑪扎墓室方形，上覆高聳的圓穹隆頂，頂上再凸起一座小亭，全部裝飾著藍色琉璃面磚。墓室後兩角聳起細長高塔，以穹隆頂小亭結束。墓室前隔橫長前室有很高的門牆，正中開尖拱深龕，在深龕左右和上面砌許多尖拱小龕，再左右各有細長高塔一座，也聳出穹隆頂小亭，也是「伊旺」式。門牆左右接建較低的牆，也以附穹隆頂小亭的細塔結束。門牆所有高塔塔身斷面都作瓜棱狀，一束束直線條直通而上，十分挺拔，顯得很有精神。全部立面對稱均衡，構圖嚴謹，皆飾以藍地白花琉璃面磚（圖 6-34）。

　　院牆較低，轉角處也有細高的塔。全寺細塔多達十一座，一座座塔和塔上的小亭，加上大穹隆頂，還有高低不同的門牆和院牆，全群建築的體形和體量對比非常豐富，閃爍在陽光下，顯出迷人的光輝。

█ 傣族小乘佛教建築

傣族居住在雲南南部,信奉上座部佛教,其文化和建築受泰國和緬甸的影響很大。現存建築多建於清代或更後,風格玲瓏秀麗,親切近人。

幾乎每座傣寨至少都有一座佛寺。根據宗教戒律,每個男子都必須在少年時出家一次,在寺中學習文化。人們不但在傣寺裡進行宗教活動,還舉行慶典、選舉領袖、調解糾紛,寺廟已超出了純粹宗教的意義,人們對它懷著一種特別親切的感情。所以傣寺與漢地佛寺和藏傳佛教喇嘛廟都很不相同,既沒有前者那麼嚴謹莊重、內向而含蓄,也不像後者那樣雄偉巨大、外向而粗獷,而顯得更加秀麗親近,多姿而質樸,內外空間融爲一片,開朗而外向。人們常傾注全寨力量建造傣寺,顯示本寨的驕傲。

西雙版納橄欖壩曼蘇滿寺可作爲傣族佛寺的代表。寺在瀾滄江東岸,坐西面東,據說與佛入寂時的方向相同。從前至後,依次佈置寺門、引廊和佛殿。在佛殿一側有傣式佛塔,另一側爲戒堂,構成一個極生動美麗的不對稱均衡構圖（圖 6-35）。佛殿平面矩形,與漢族佛殿以長向爲正面不同,是以短邊即山牆爲正面。中部是兩坡頂,四周包圍單坡,總體構成好似歇

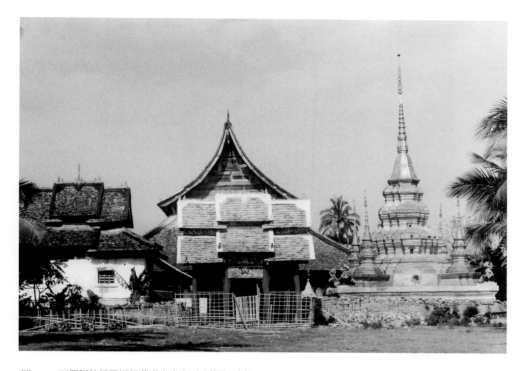

圖 6-35　西雙版納橄欖壩曼蘇滿寺東立面（蕭默／攝）

山頂的兩段式屋頂。

　　西雙版納勐遮景眞寺的戒堂平面呈多角折角十字狀，由十六個陽角和十二個陰角組成，稱「八角亭」，以其美麗的造型成爲傣族建築藝術的優秀代表之一。基座是磚砌須彌座，較高。亭身也是磚砌，在四個正面開門。屋頂極其特殊，由向八個方向呈放射狀層層伸出的許多兩坡懸山屋頂組成，從下而上、由大至小疊落十層，形成由八十座小屋頂組成的狀若錦鱗的屋頂群，非常複雜，與基座、亭身的較爲簡潔形成強烈對比。色彩豔麗，裝飾著小金塔和密排的琉璃火焰。全亭嬌小玲瓏，珠光寶氣，更像是一件工藝品，在陽光的照射下，宛如一朵初開的千瓣蓮花（圖 6-36）。

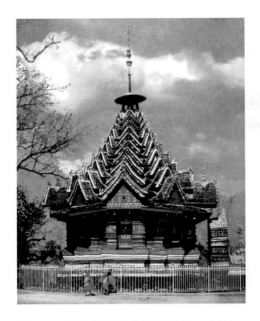

圖 6-36　西雙版納勐遮景眞寺「八角亭」（畫片）

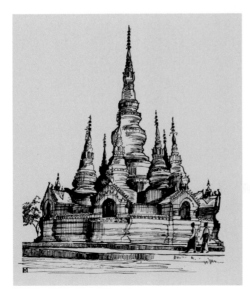

　圖 6-37　西雙版納大勐龍曼菲龍塔（蕭默／繪）

傣族上座部佛教的塔與中原漢式佛塔和藏傳佛教的塔也有很大不同，從下至上由基台、基座、塔身和塔刹四部分組成。基台略高於地面，多爲方形，四隅常置灰塑怪獸，四面有多個短柱承托的花蕾。基座多由一層或兩層須彌座構成。塔身多由疊置的二至四層須彌座組成，層層收小。基座和塔身的平面多爲多角折角十字，也有方形、六角形和圓形，塗白或金色。銅製刹杆高舉，以火焰寶珠或小塔之類的裝飾物收頂。總體像是一個立放著的長柄之鈴，挺拔俊秀，玲瓏而秀美。曼蘇滿寺內的曼蘇滿塔可作爲傣塔的代表。

還有許多群塔組合式的佛塔，更加豐富多彩。

西雙版納大勐龍曼菲龍塔由大小九座圓塔組成，共同坐落在圓形須彌座基座上。中央一塔最高，塔刹高刺入天；其餘八塔形象與中塔相似，但只有中塔一半高。在基座上，對應各塔呈放射

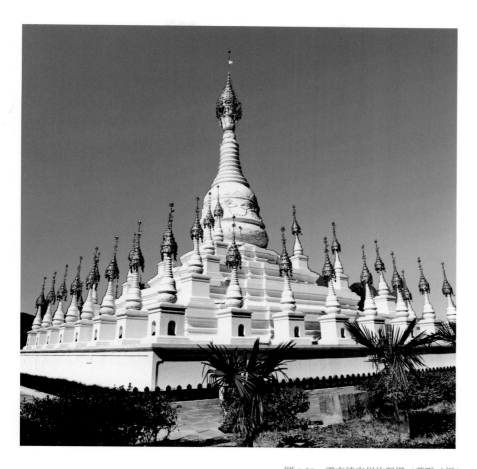

圖 6-38　雲南德宏州的群塔（蕭默／攝）

狀地有八個山面朝外的兩坡小佛龕，各龕上面砌出船首形，作為與各小塔的過渡，象徵慈航普度。全塔亭亭玉立，像一蓬剛出土的春筍，洋溢著一片勃勃生機，是傣族建築藝術珍品（圖 6-37）。

　　雲南德宏州類似的群塔更多，規模也更大（圖 6-38）。

▌侗族建築

侗族分佈在湘桂黔交界地區，沒有受到宗教的過多浸染，民間流行一種原始巫教信仰，所以，與其他許多民族不同，侗族建築藝術成就主要體現在如鼓樓、風雨橋等民間公共建築上，包含更多的民俗鄉情，藝術風格質樸古拙。現存侗族建築最早不超過清代。

與許多少數民族相同，侗族的私有觀念也不強，民居都是外向的，沒有圍牆和院落，其形式受漢族影響，近於漢族的自由式。侗寨各家的交往以至全寨性的活動都很多，如歌舞慶典、議事、聚談等，都在寨子中心的公共空間鼓樓坪進行。「鼓樓」侗語稱「堂瓦」，即公共議事廳，又稱「播順」，意為「寨之魂」。鼓樓多為塔式，有方形、八角形、六角形等，總體造型有如大樹，傳說就是按照「杉樹王」的樣子建造的，反映了侗族「大樹崇拜」的古老觀念。這種觀念在西南許多少數民族中都有表現，只是方式不同。

塔式鼓樓的傑作如貴州從江增沖鼓樓、榕江三寶鼓樓。

增沖鼓樓（或稱從江鼓樓）是最典型、也是造型最好的一座塔式鼓樓，

八角十一重檐，頂部再升起重檐八角攢尖亭，整體輪廓變化豐富，風格秀麗，總高約二十公尺，輪廓真的很像杉樹。樓內有四根大柱直通而上，柱間長凳圍著中心火塘。樓頂懸大鼓，每遇大事擊鼓為號（圖 6-39）。

三寶鼓樓也是八角形，密檐達十九層，形體瘦高，上面再聳起重檐高亭，整體輪廓呈明顯的凹曲線，特別秀麗（圖 6-40）。

有的鼓樓與風雨橋鄰近，二者結合，豐富了村寨景觀。

風雨橋是侗區與鼓樓齊名最為人稱道的又一類建築，又稱廊橋、亭橋、花橋，是在木懸臂樑式平橋的石砌橋墩和兩端橋台上建造橋樓，連以長廊。橋樓很像鼓樓，但

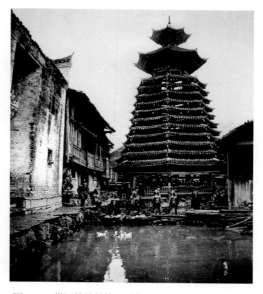

圖 6-39　從江增沖鼓樓（《貴州古建築》）

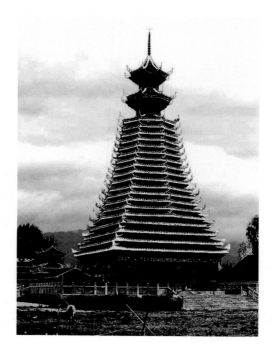

圖 6-40　榕江三寶鼓樓（資料光碟）

161

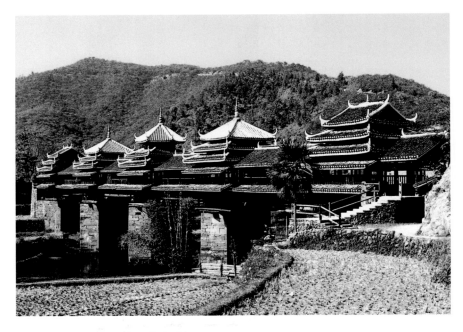

圖 6-41　三江馬安寨程陽橋（蕭默／攝）

平面只是方形或矩形。侗區多河溪，風雨橋幾乎每寨必有，有的不只一座，是入寨必經之路。風雨橋既可供行人遮風避雨，又能兼作寨門，更是村民遊憩聚談的地方。每逢盛節，外寨親友來會，全寨人齊集橋頭，盛裝出迎，顯示了濃郁的民族風情。風雨橋的選址十分注意成景和得景，使之既能裝點大好河山，又能在橋內觀賞到周圍的美好景色。

　　最大也最著名的風雨橋是廣西三江馬安寨程陽橋（清末），跨在林溪河上，全長達七十八公尺，在二台三墩上建造了五座橋樓。中樓最高，頂部冠以六角攢尖亭，下為方形三檐；左右兩座都是四檐，方形，也是攢尖頂；最外兩座為矩形，四檐，歇山頂。在橋欄下有通長坡檐，覆蓋橋下四層懸臂木樑（圖 6-41）。

圖 6-42　黎平地坪
風雨橋（婁清／
攝）

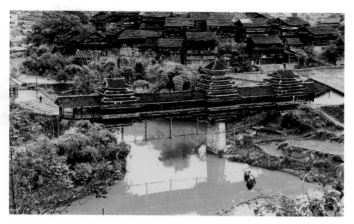

圖 6-42　黎平地坪
風雨橋（婁清／
攝）

圖 6-43　侗族地區
與寨門結合的風雨
橋（吳光正／攝）

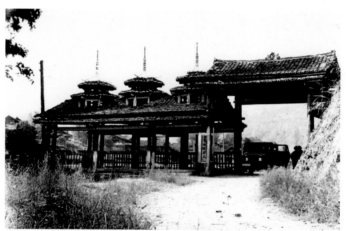

　　貴州黎平地坪風雨橋爲二台一墩三樓，中樓最高，連附檐爲方形五重
檐，上面再加四角攢尖頂方亭；其他二樓矩形，四檐，歇山頂（圖 6-42）。
還有一些與寨門連在一起的風雨橋（圖 6-43）。

參考文獻

[1] 蕭默。中國建築藝術史 [M]。北京：文物出版社，1999。

[2] 劉敦楨。中國古代建築史 [M]。北京：中國建築工業出版社，1978。

[3] 蕭默。建築談藝錄 [M]，武漢：華中科技大學出版社，2009。

[4] 蕭默。世界建築藝術史叢書第一卷。東方之光 [M]。北京：機械工業出版社，2007。

責任編輯　　雪　兒
封面設計　　陳德峰

中 華 文 化 基 本 叢 書 ——— 10

書　　名　**凝固的神韻： 中國建築**
著　　者　蕭　默
出　　版　三聯書店（香港）有限公司
　　　　　香港北角英皇道 499 號北角工業大廈 20 樓
　　　　　20/F., North Point Industrial Building,
　　　　　499 King's Road, North Point, Hong Kong
香港發行　香港聯合書刊物流有限公司
　　　　　香港新界大埔汀麗路 36 號 3 字樓
版　　次　2015 年 6 月香港第一版第一次印刷
規　　格　16 開（165 × 230 mm）176 面
國際書號　ISBN 978-962-04-3507-2
　　　　　© 2015 Joint Publishing (H.K.) Co., Ltd.
　　　　　Published in Hong Kong